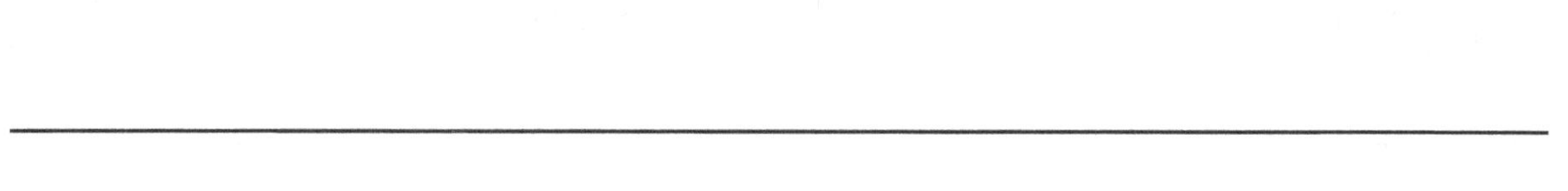

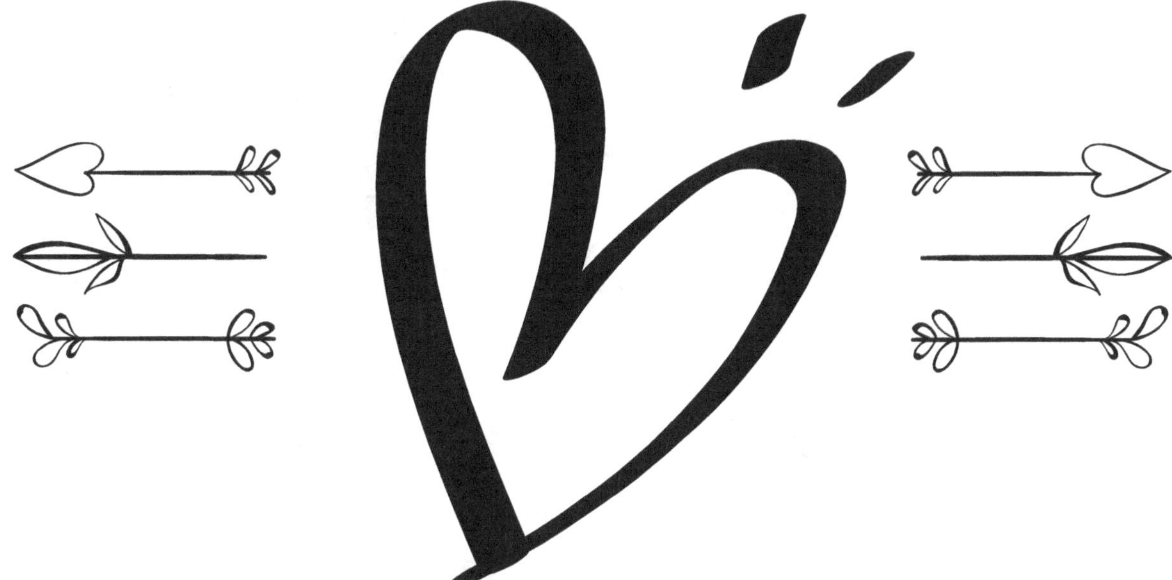

Ce Livre

Appartient à

HÉLICOPTÈRE LIVRE DE COLORIAGE

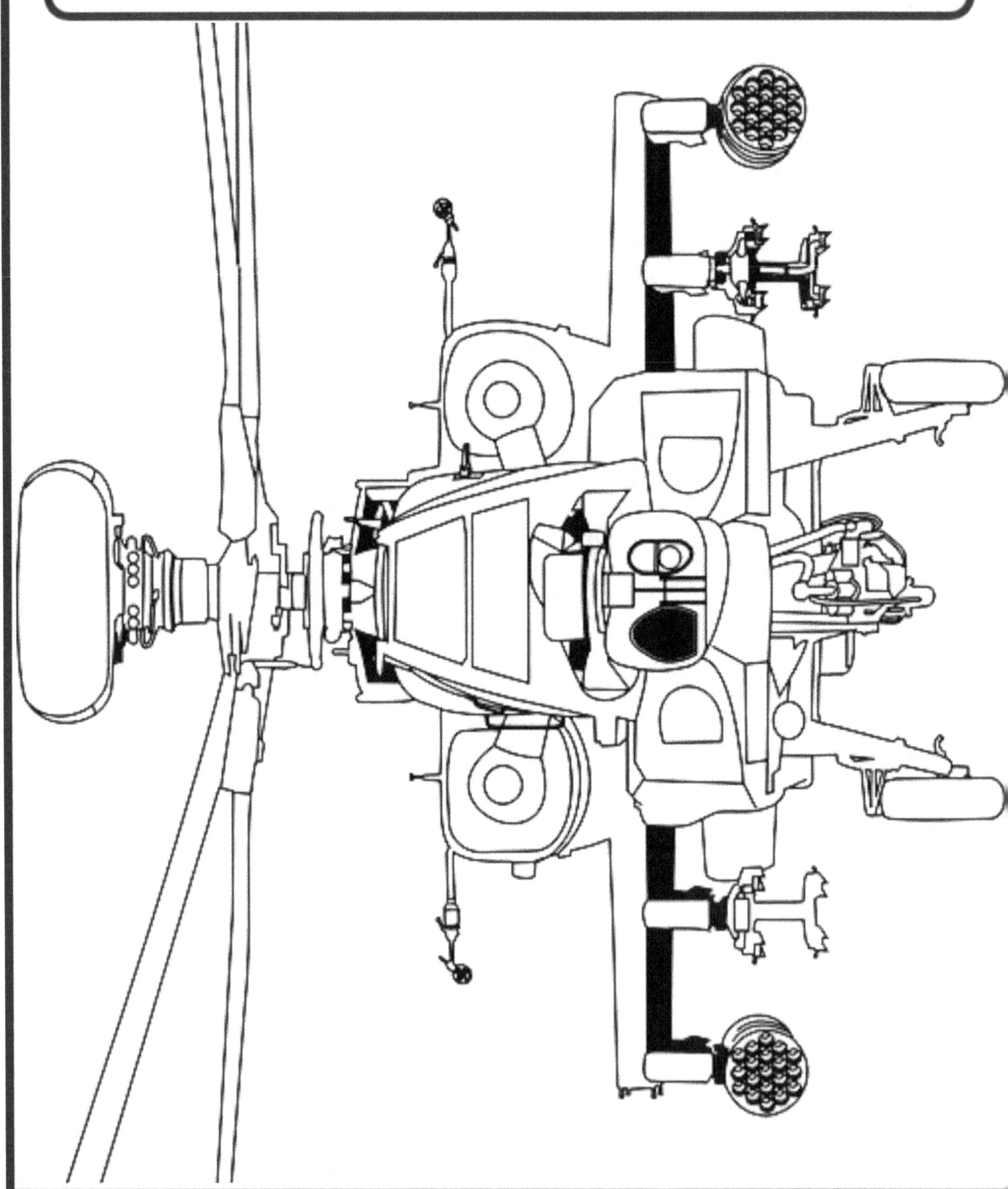

HÉLICOPTÈRE LIVRE DE COLORIAGE

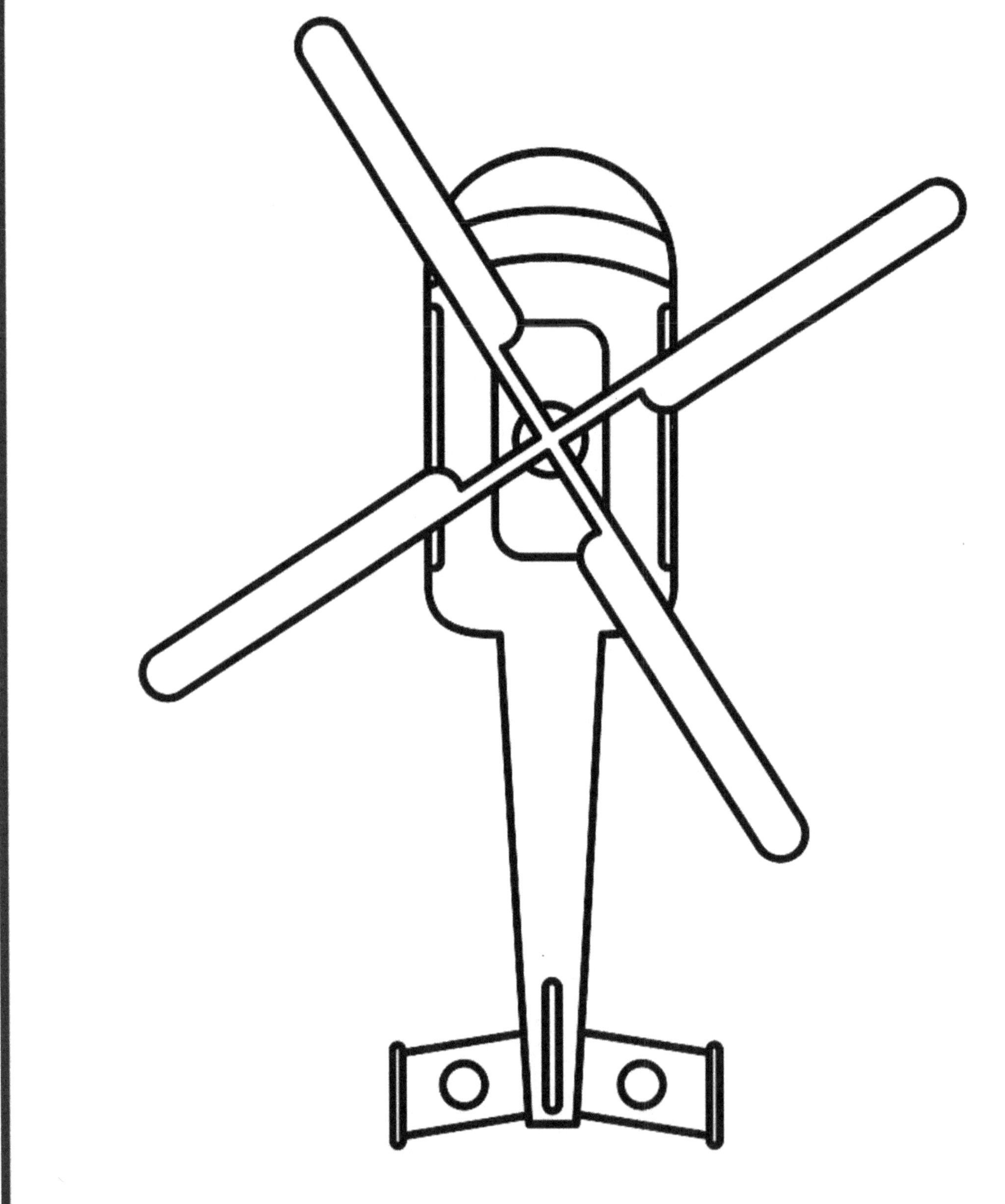

HÉLICOPTÈRE LIVRE DE COLORIAGE

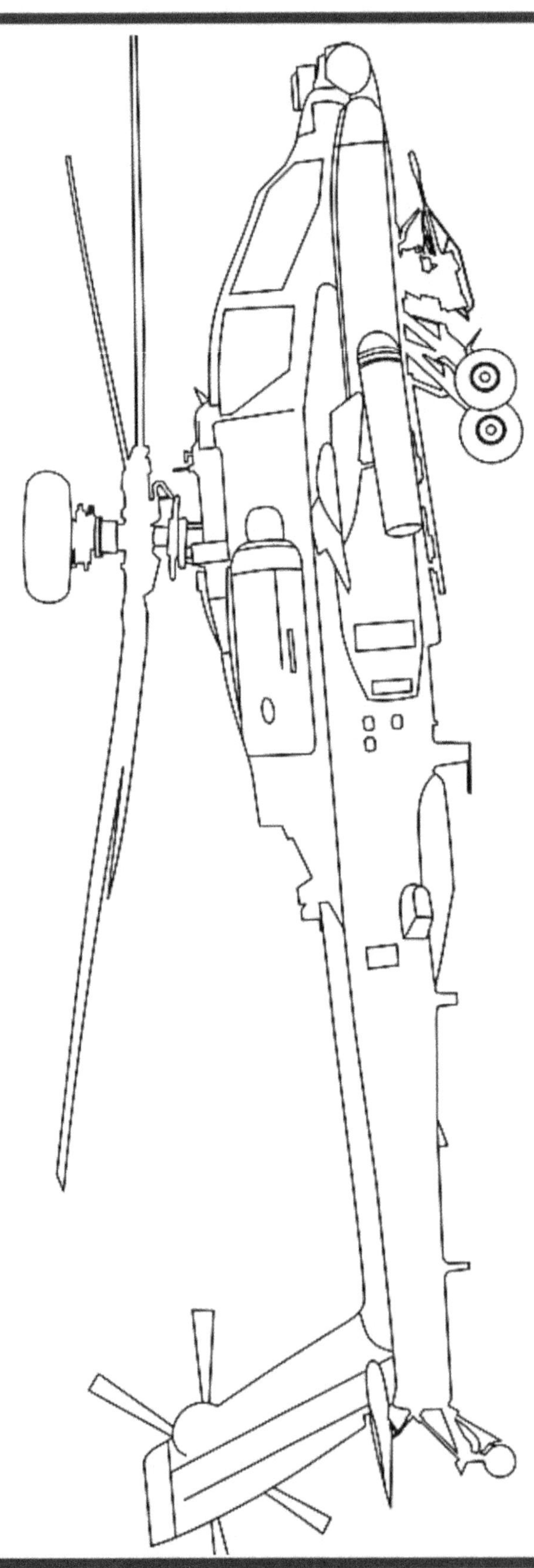

HÉLICOPTÈRE LIVRE DE COLORIAGE

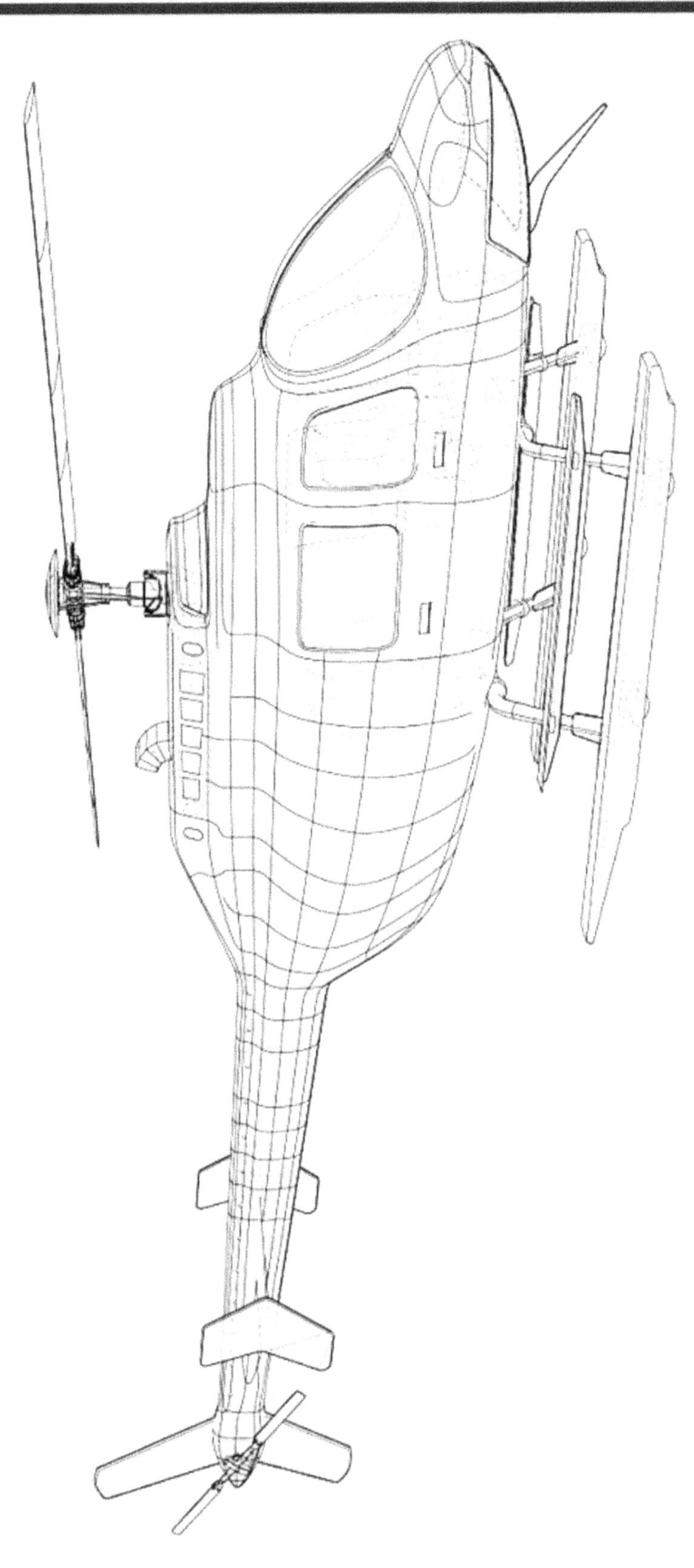

HÉLICOPTÈRE LIVRE DE COLORIAGE

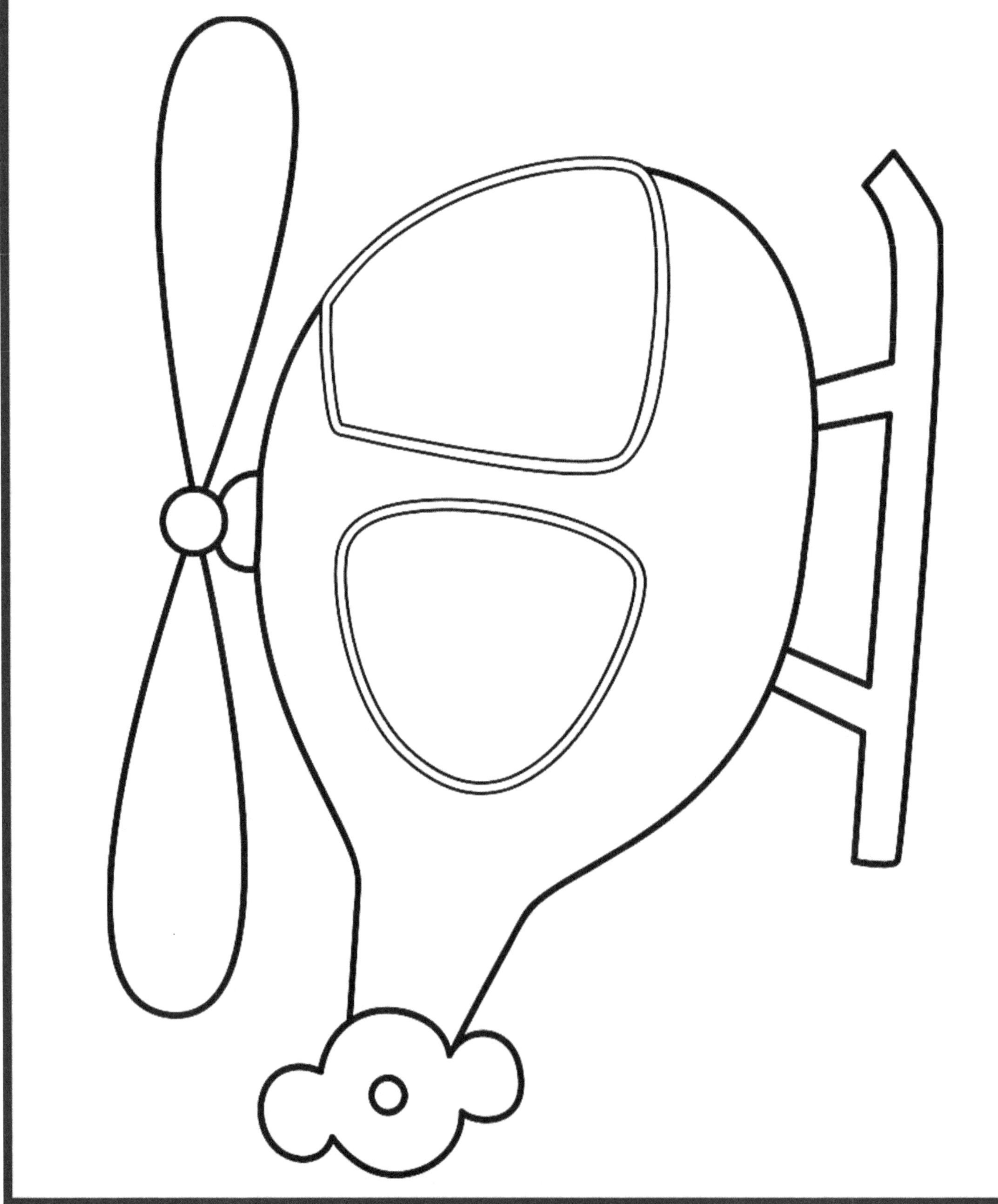

HÉLICOPTÈRE LIVRE DE COLORIAGE

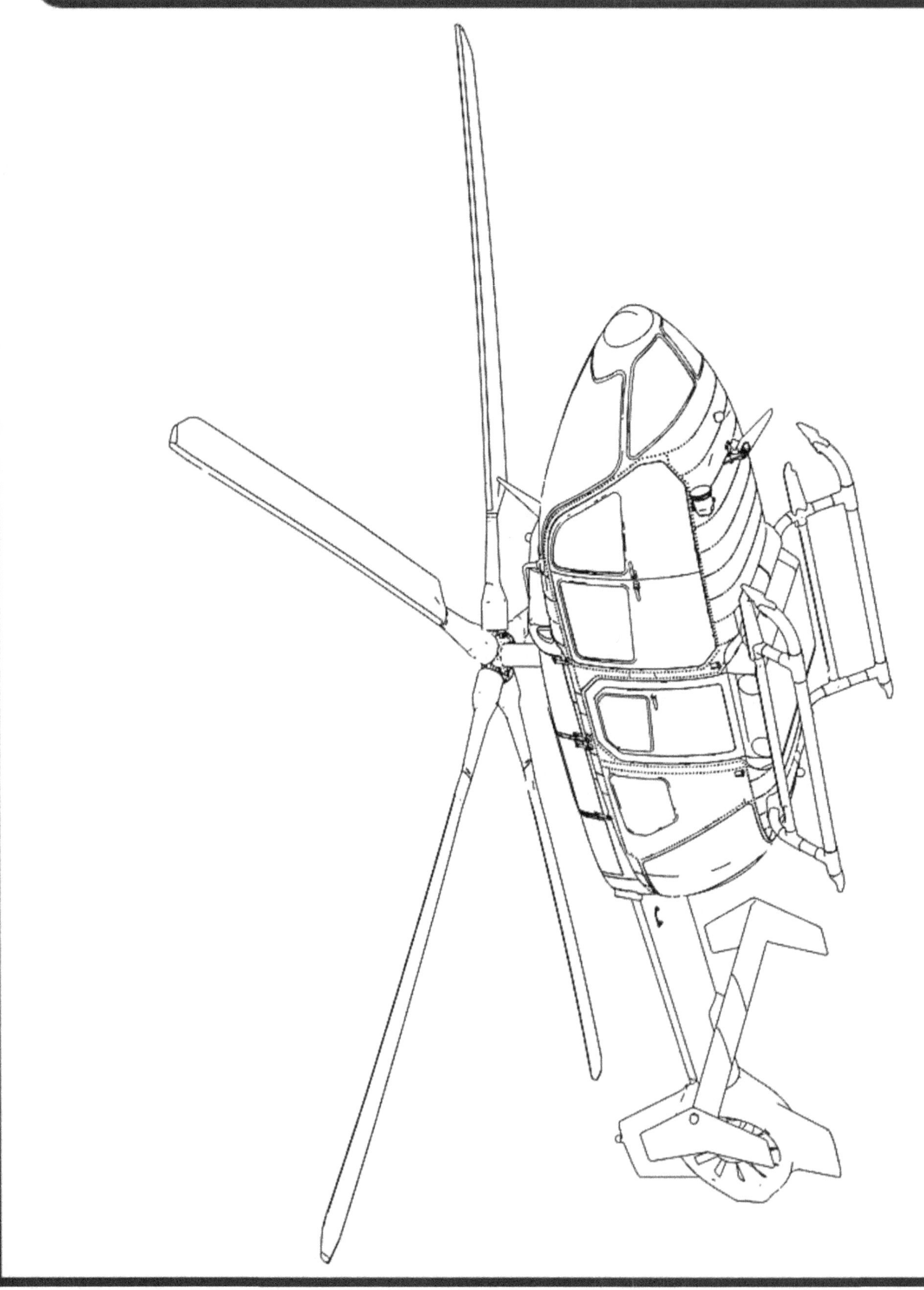

HÉLICOPTÈRE LIVRE DE COLORIAGE

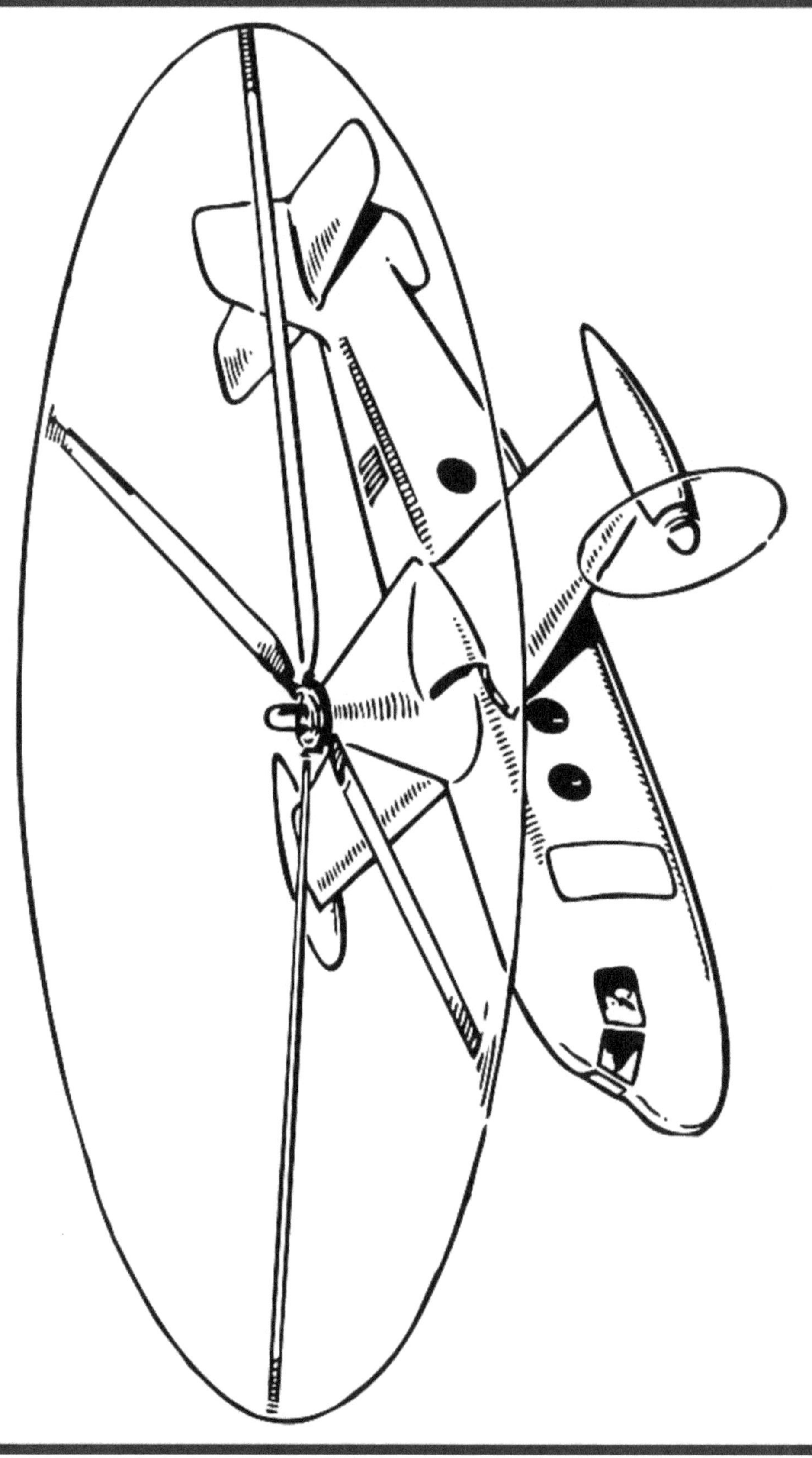

HÉLICOPTÈRE LIVRE DE COLORIAGE

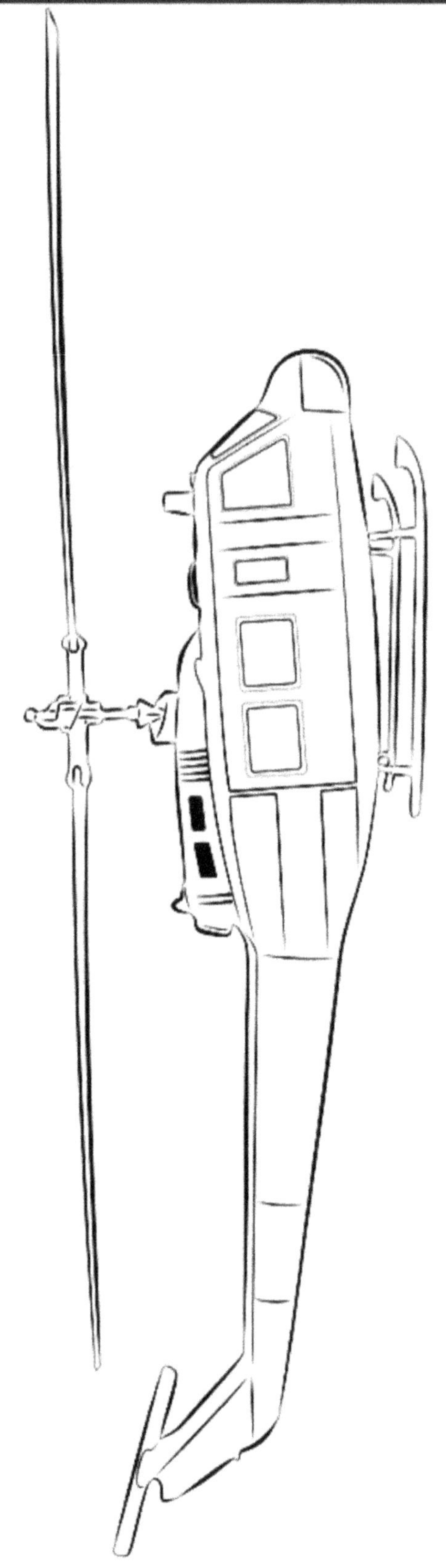

HÉLICOPTÈRE LIVRE DE COLORIAGE

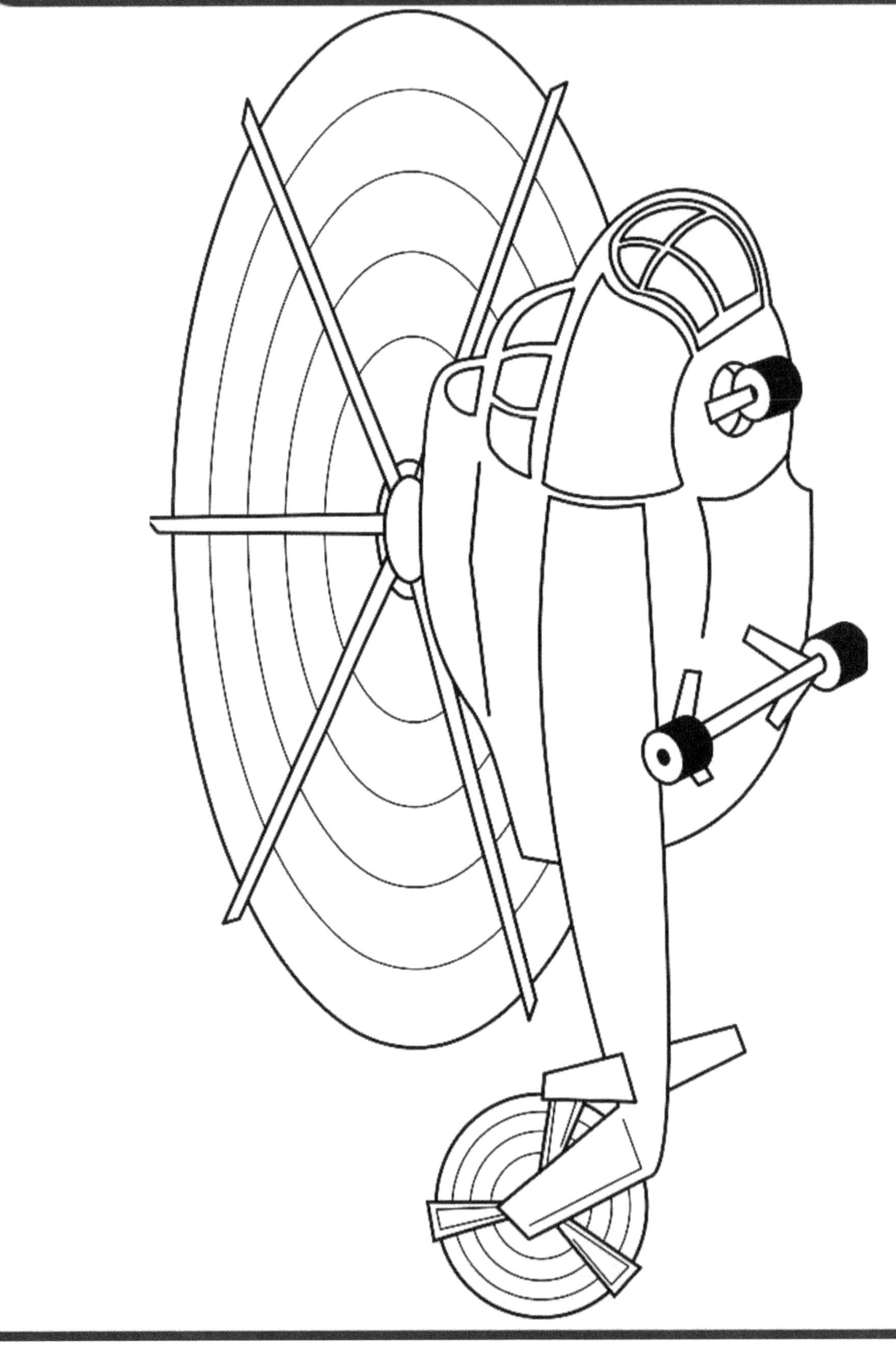

HÉLICOPTÈRE LIVRE DE COLORIAGE

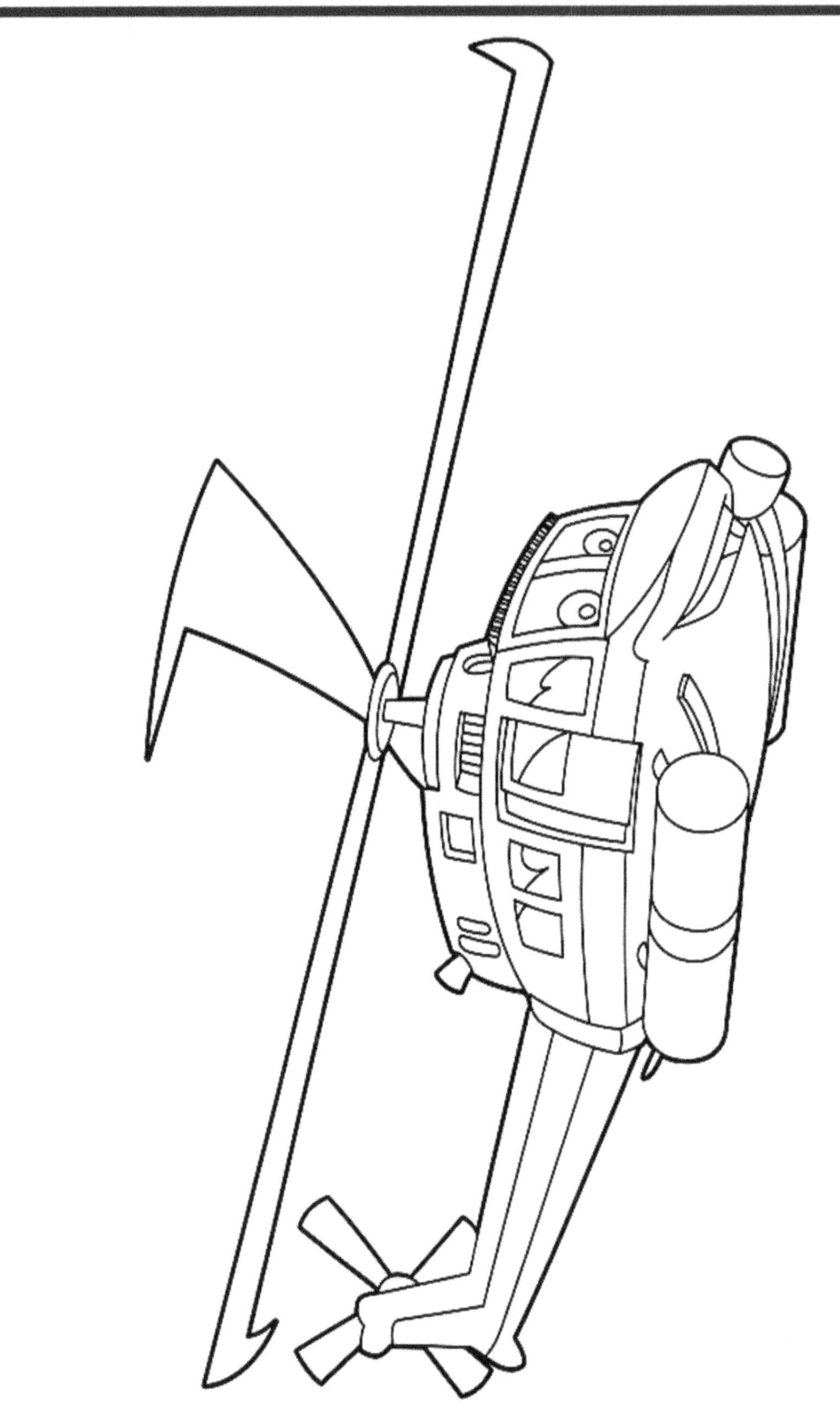

HÉLICOPTÈRE LIVRE DE COLORIAGE

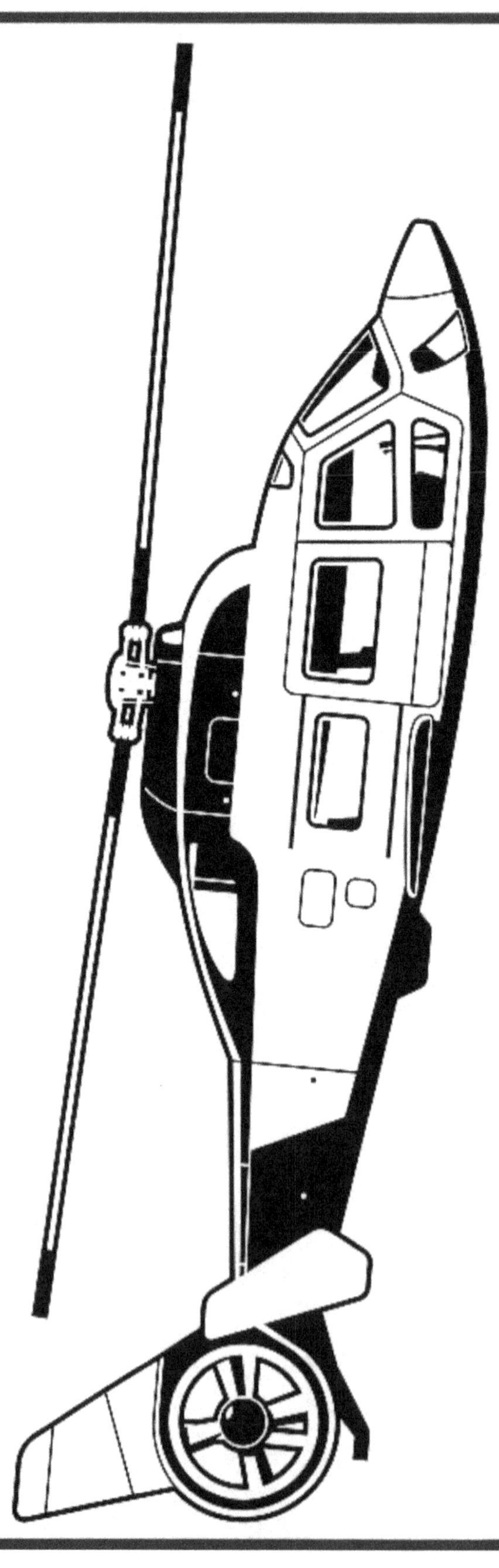

HÉLICOPTÈRE LIVRE DE COLORIAGE

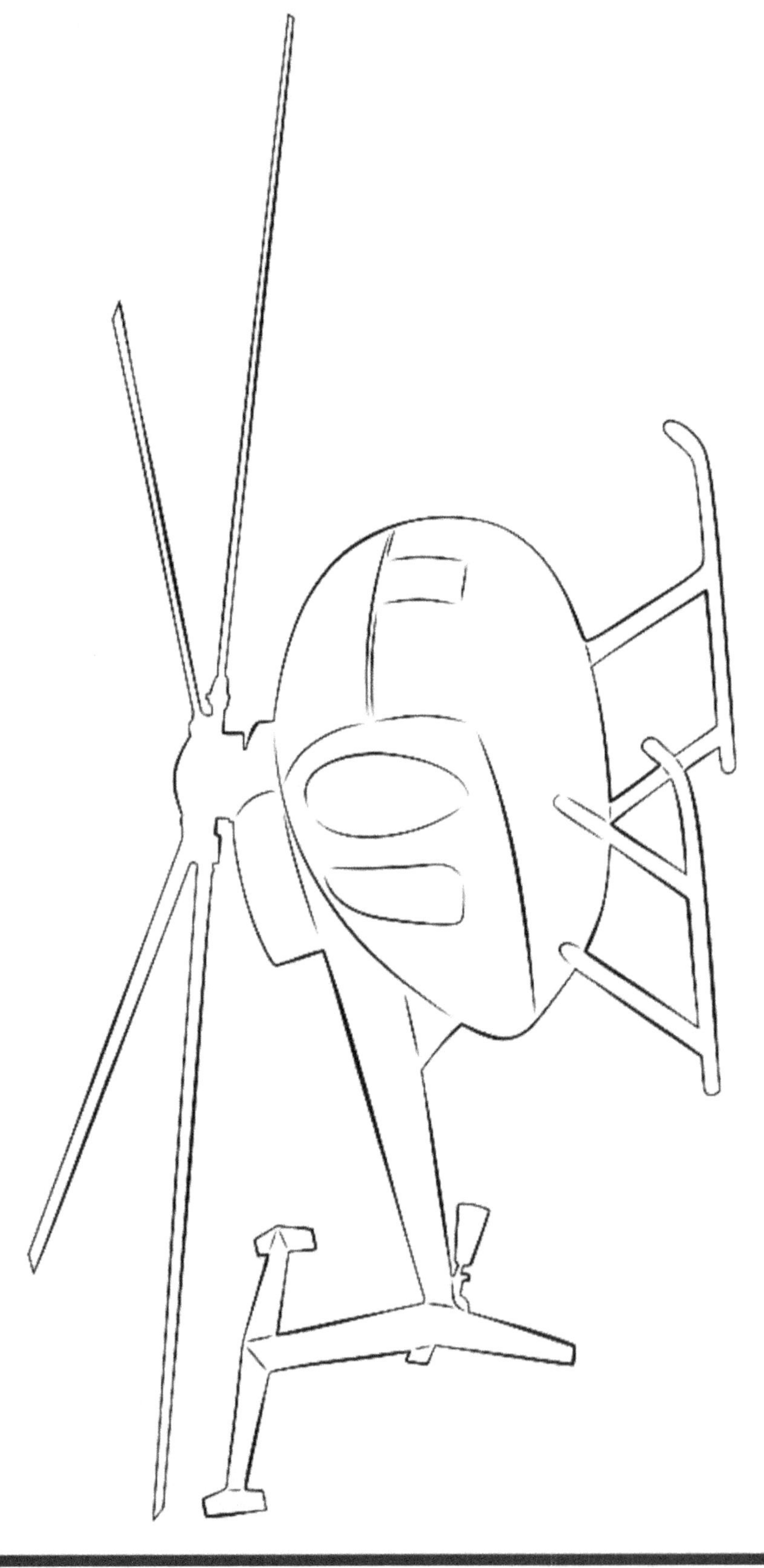

HÉLICOPTÈRE LIVRE DE COLORIAGE

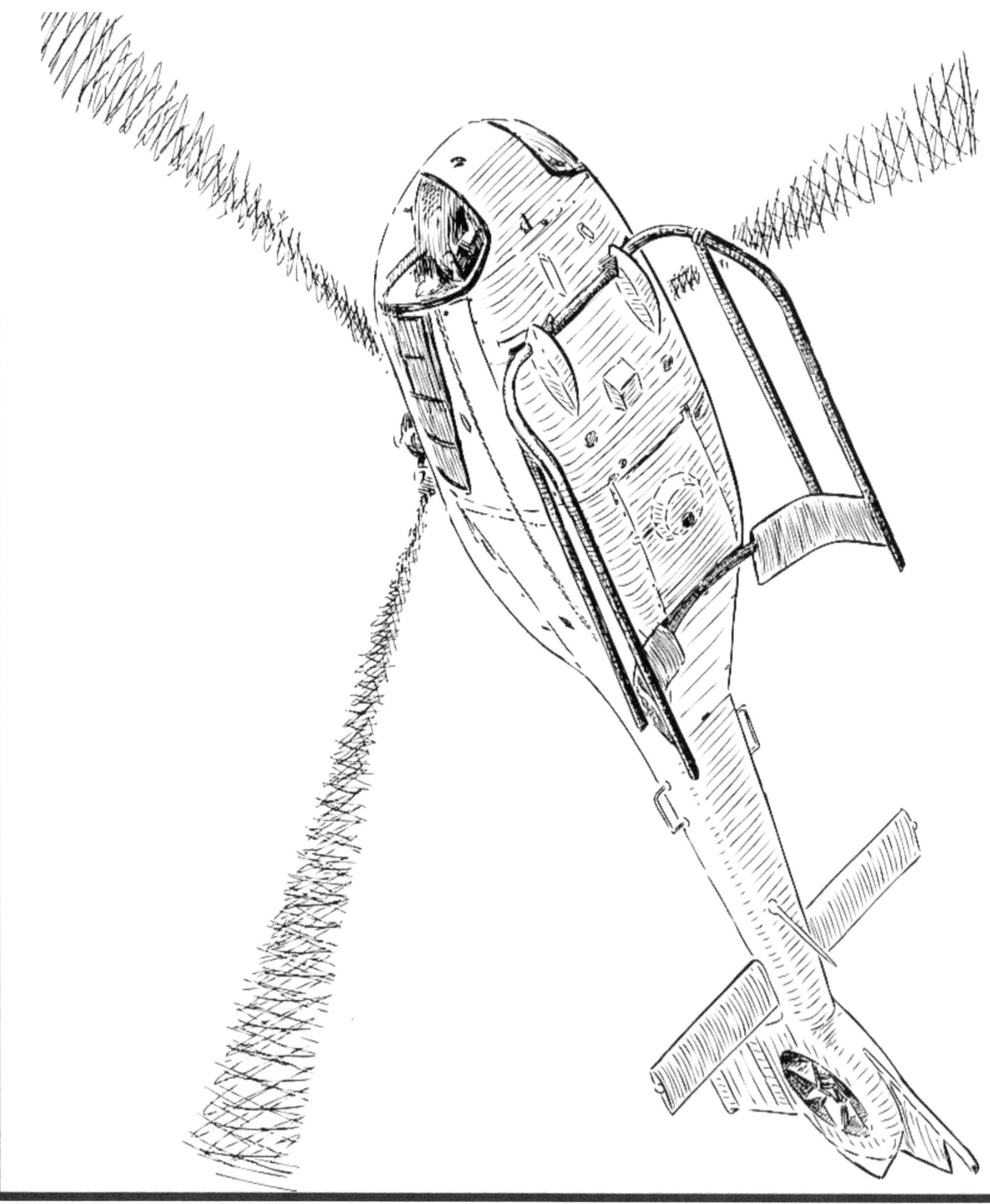

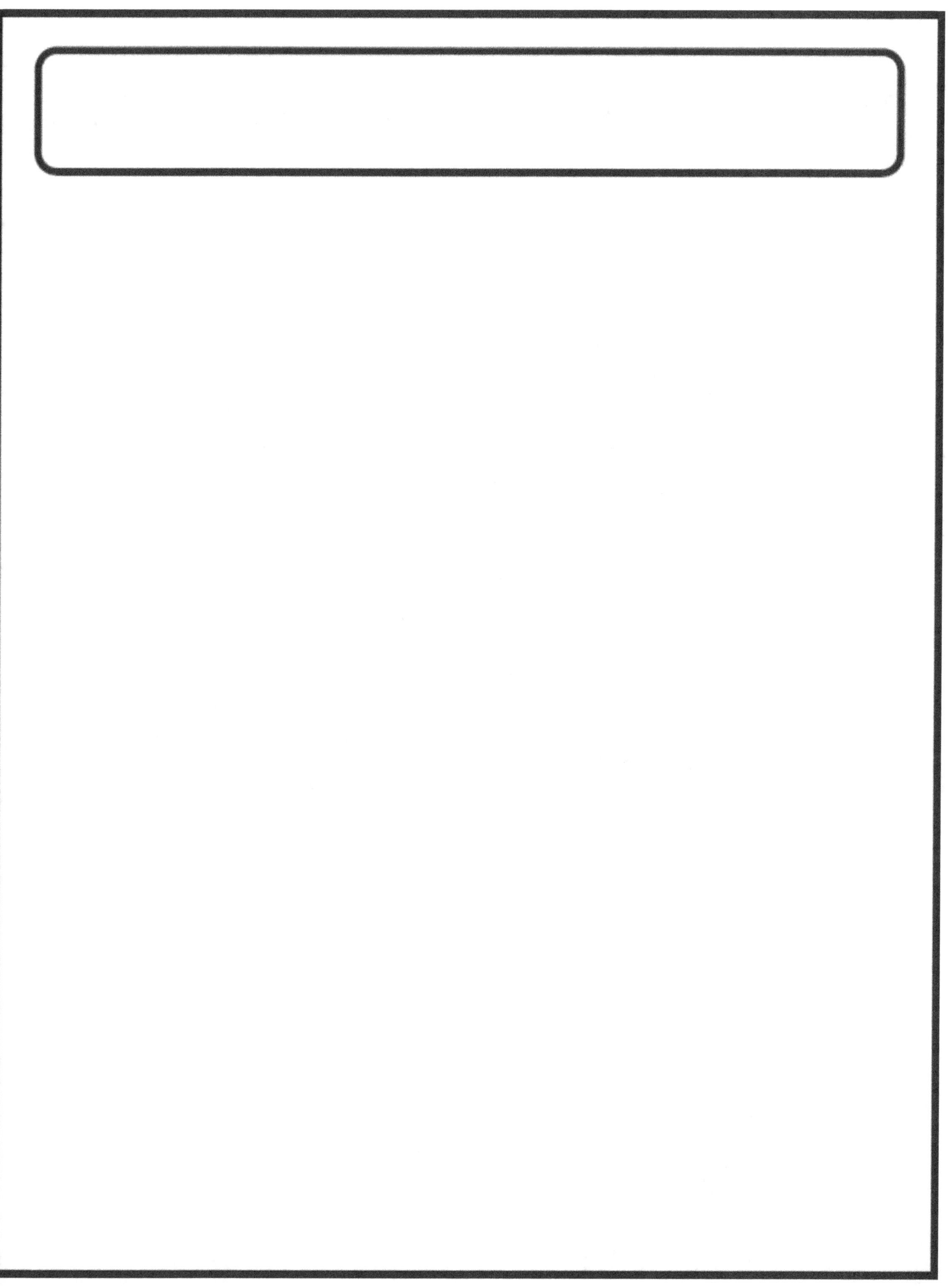

HÉLICOPTÈRE LIVRE DE COLORIAGE

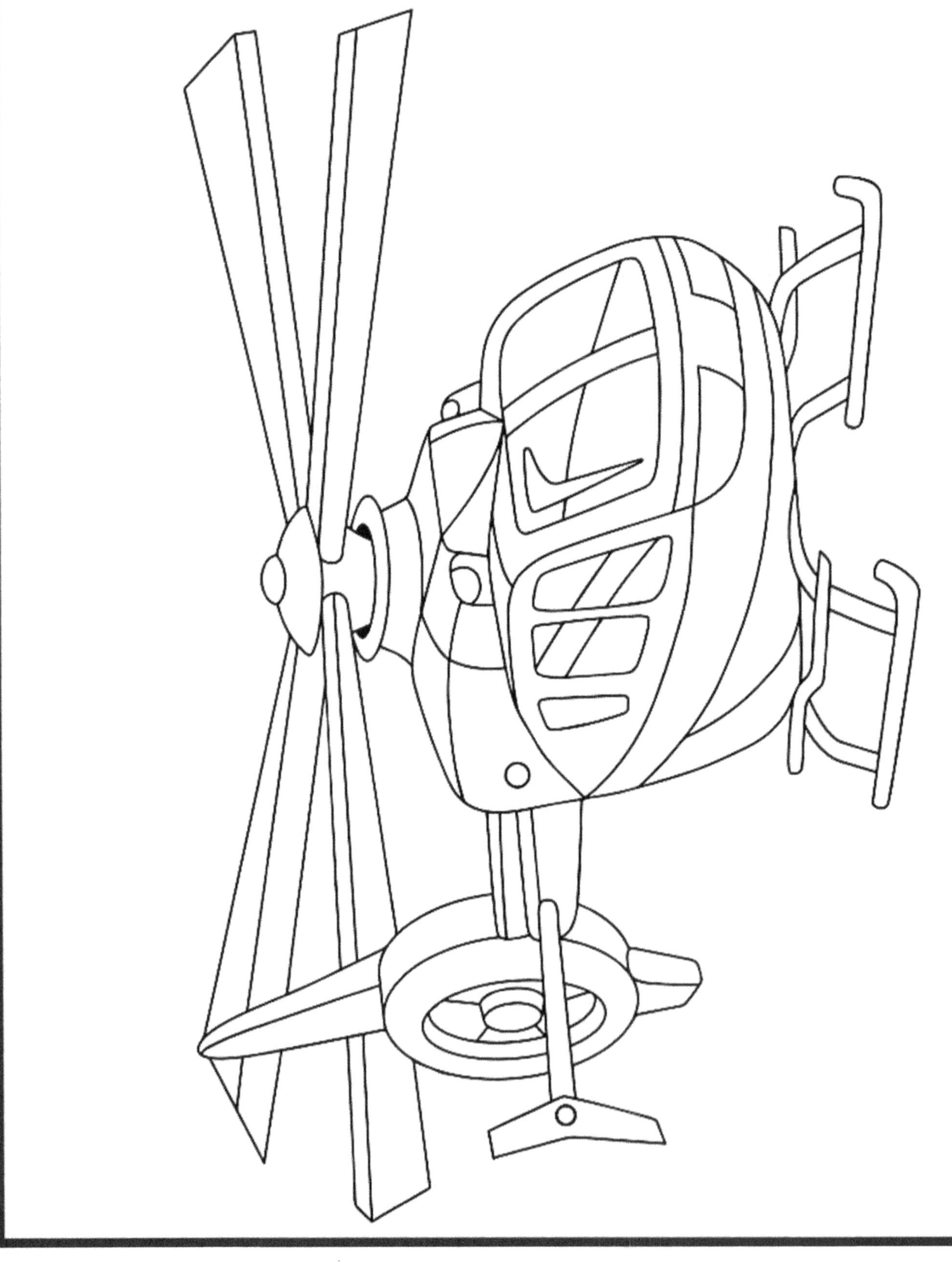

HÉLICOPTÈRE LIVRE DE COLORIAGE

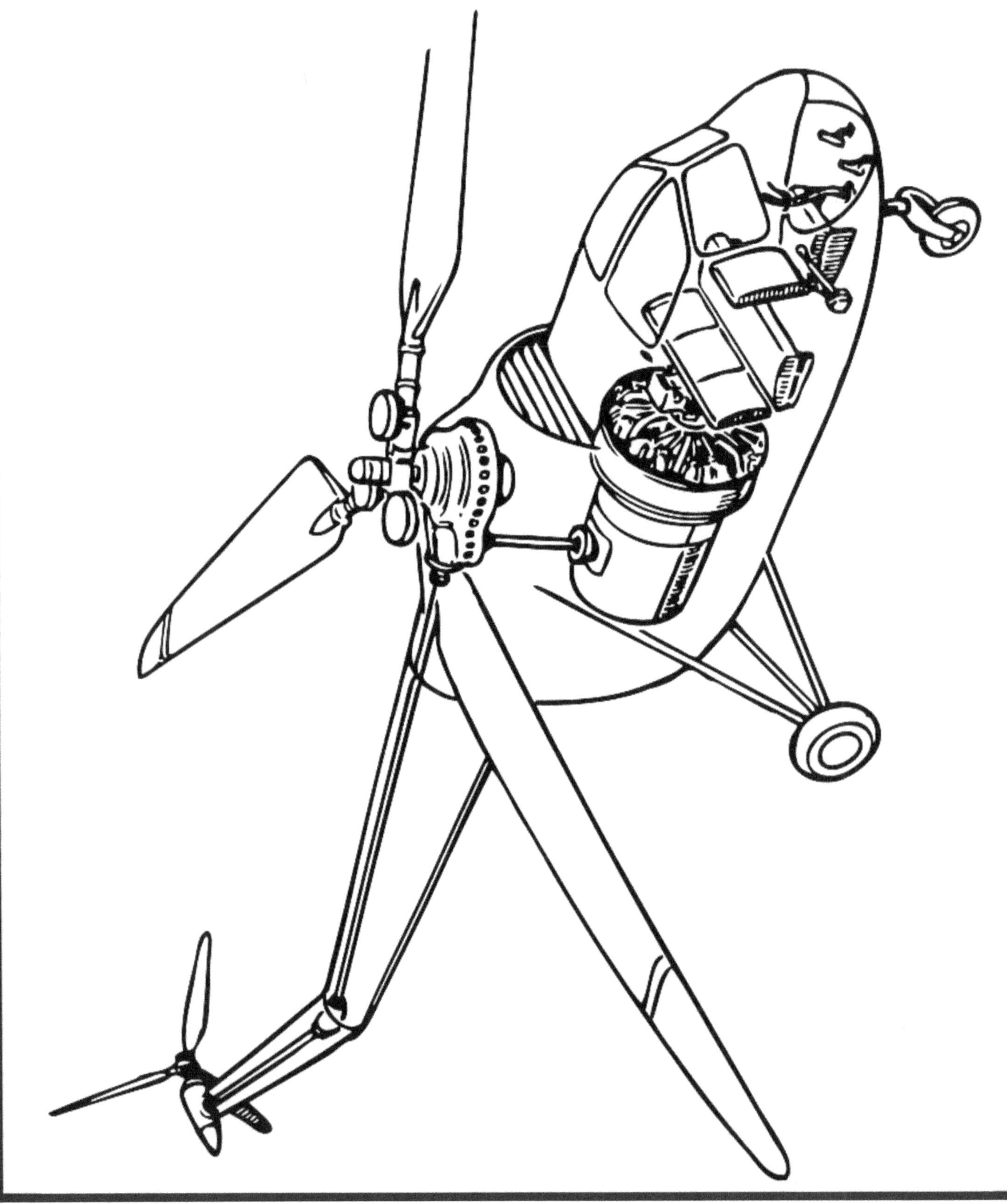

HÉLICOPTÈRE LIVRE DE COLORIAGE

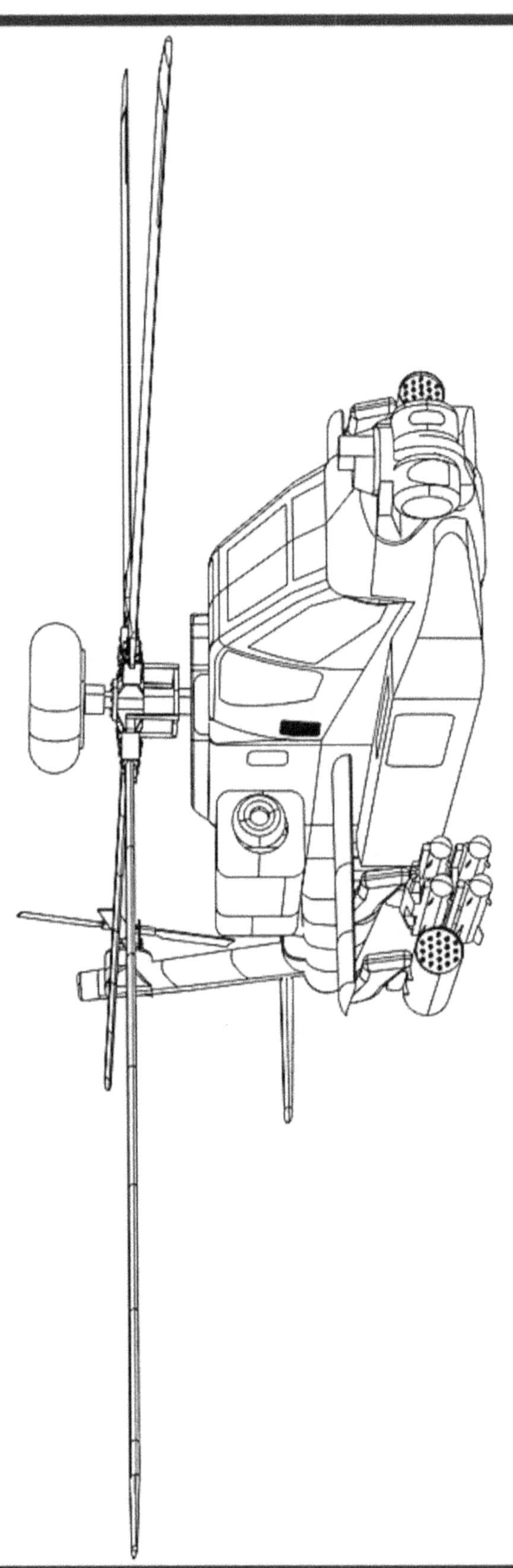

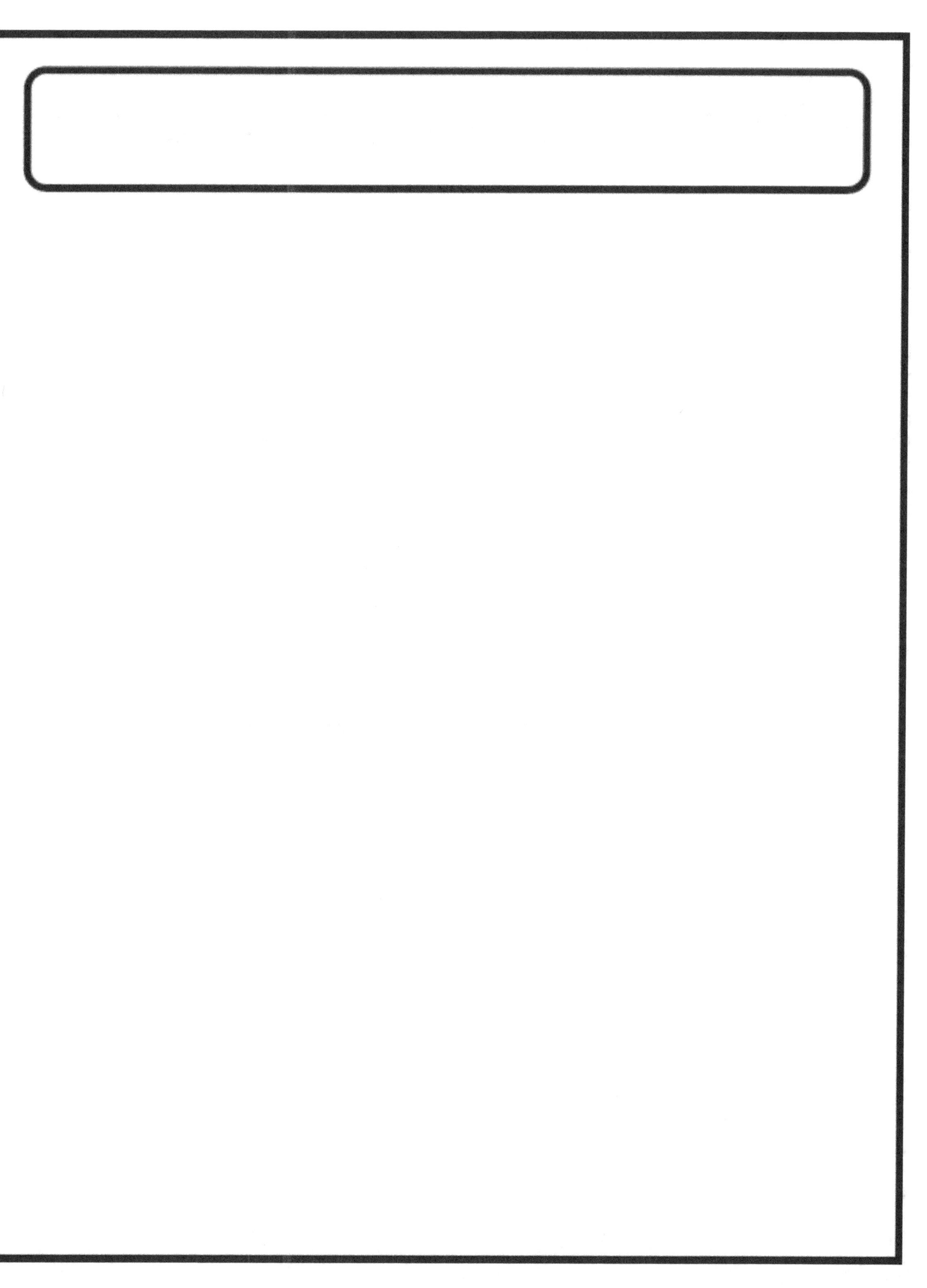

HÉLICOPTÈRE LIVRE DE COLORIAGE

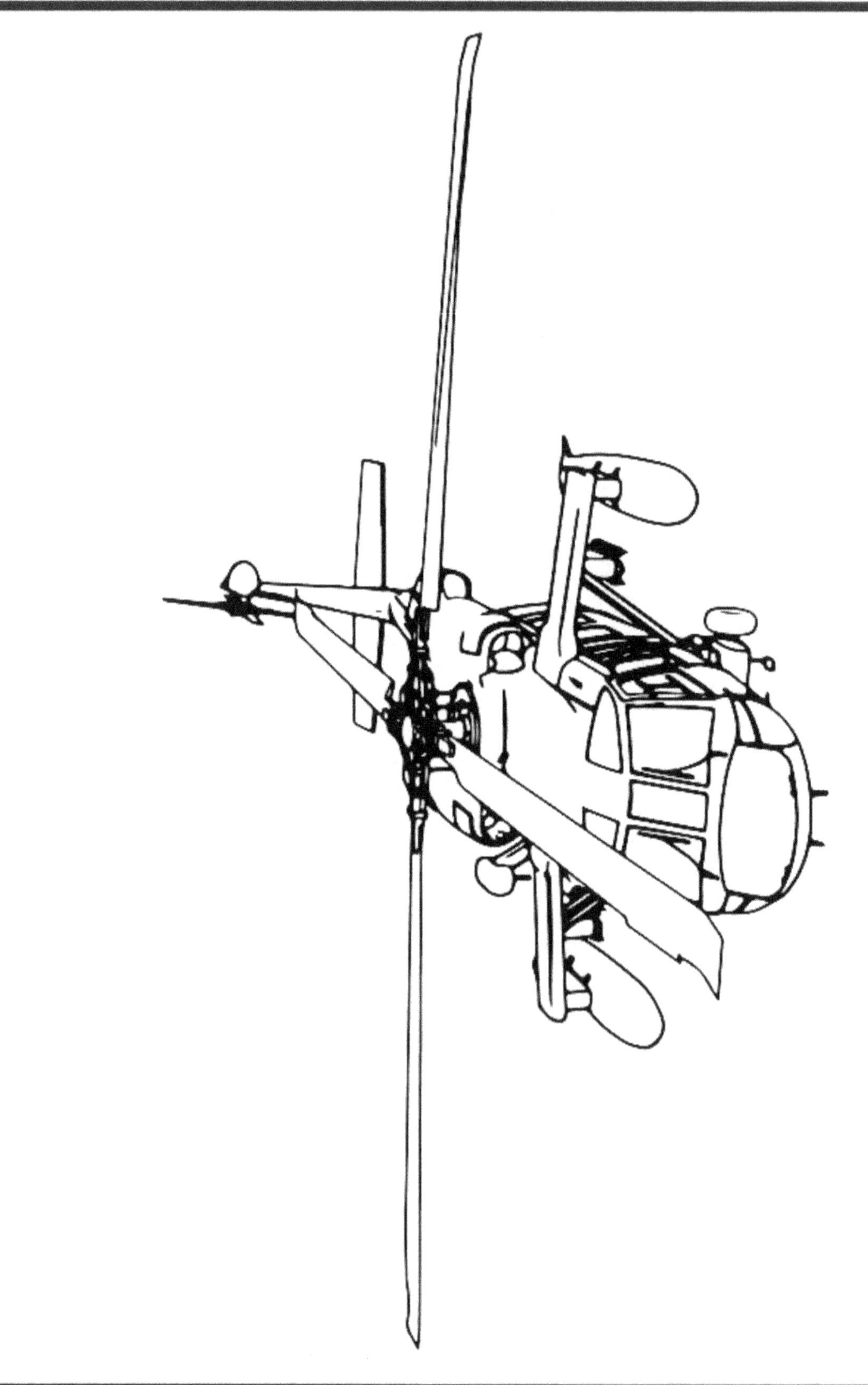

HÉLICOPTÈRE LIVRE DE COLORIAGE

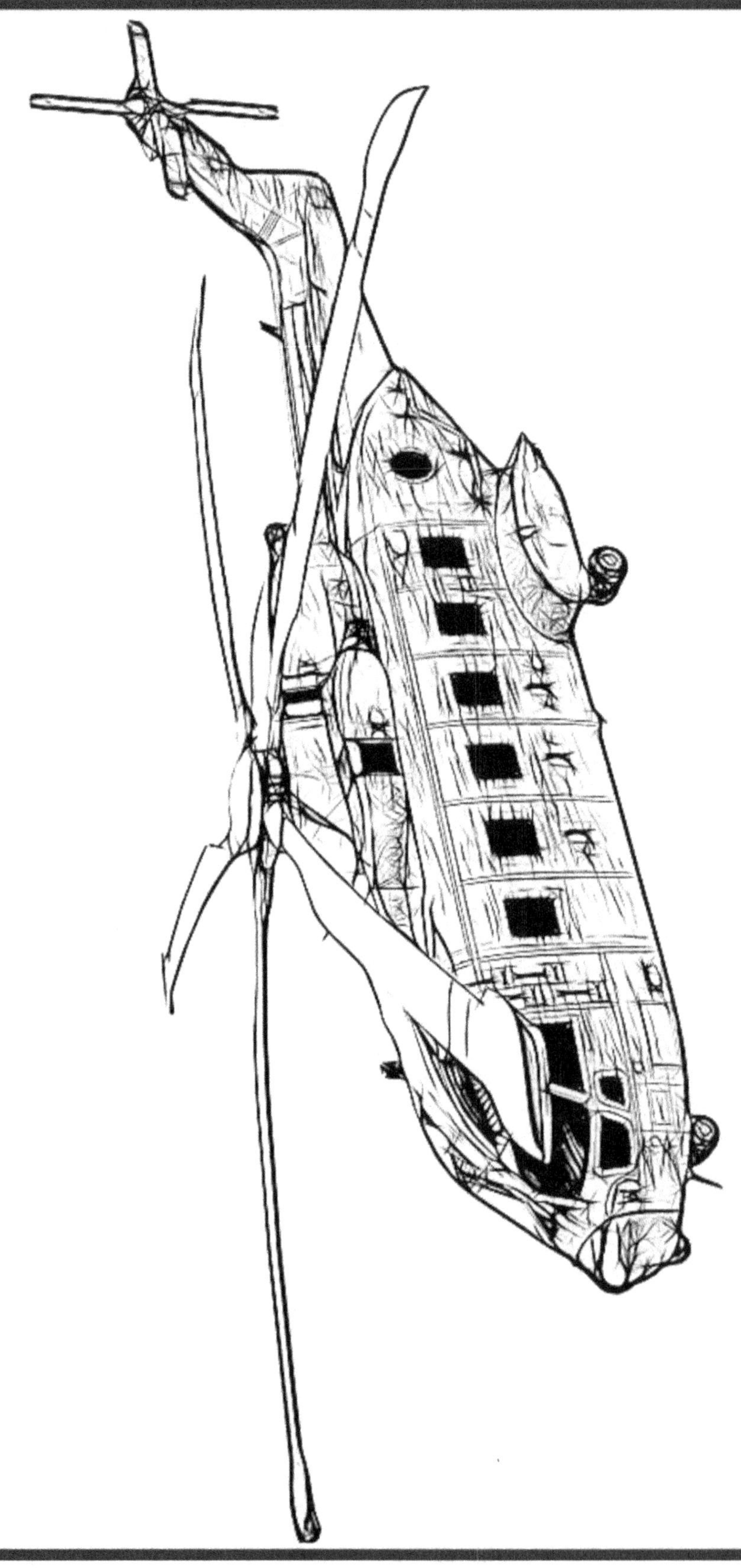

HÉLICOPTÈRE LIVRE DE COLORIAGE

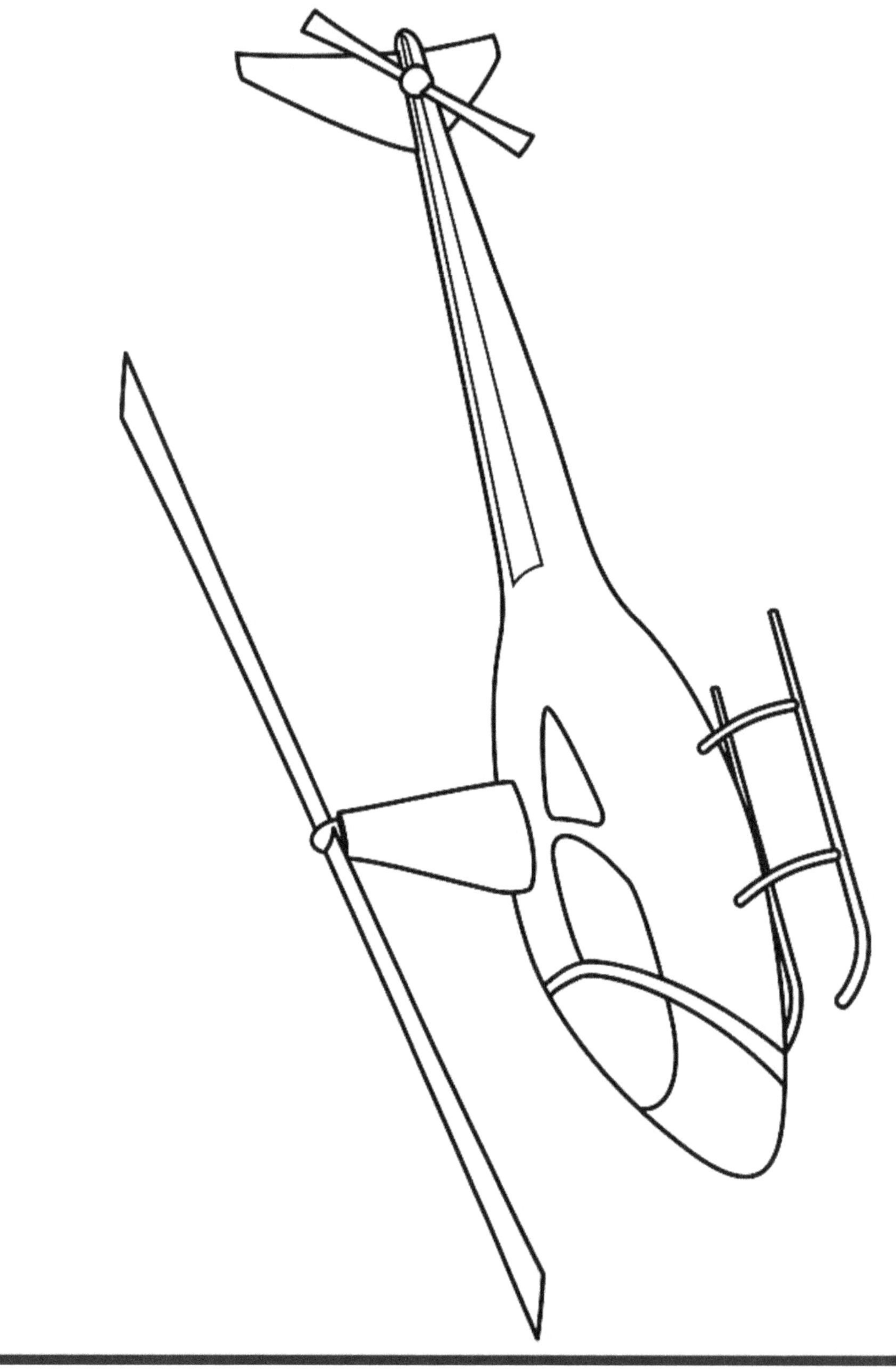

HÉLICOPTÈRE LIVRE DE COLORIAGE

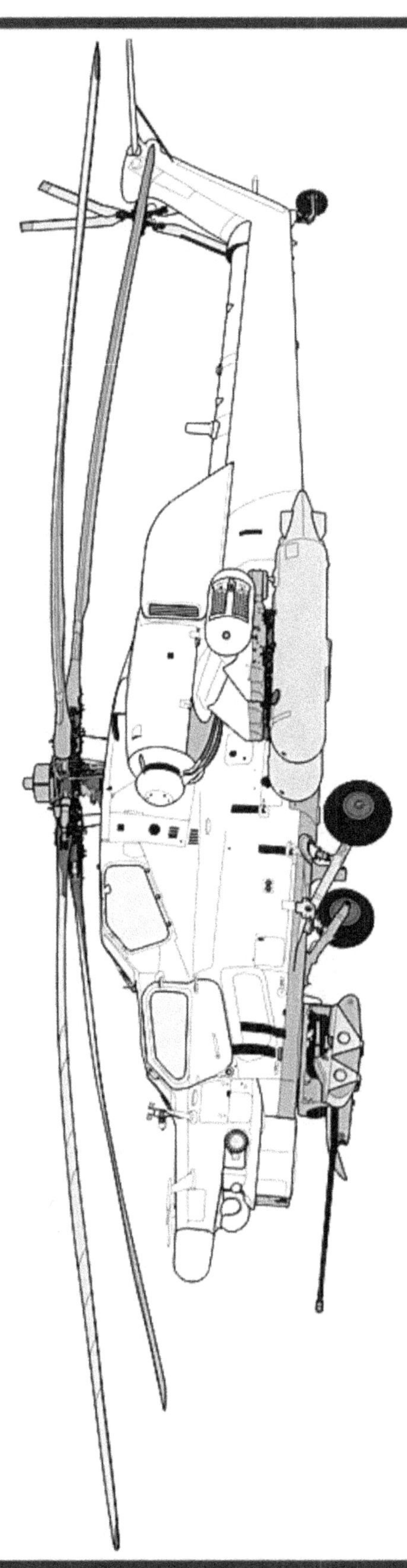

HÉLICOPTÈRE LIVRE DE COLORIAGE

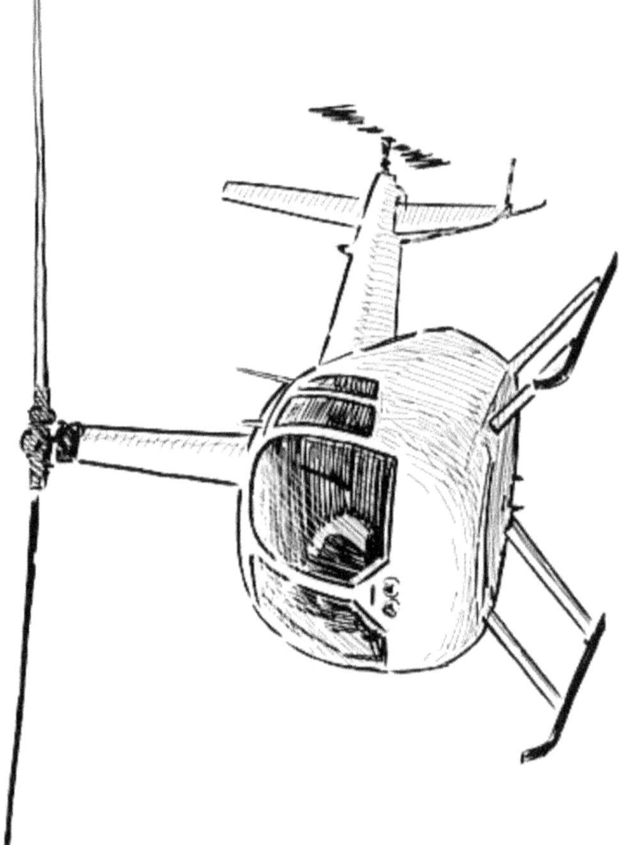

HÉLICOPTÈRE LIVRE DE COLORIAGE

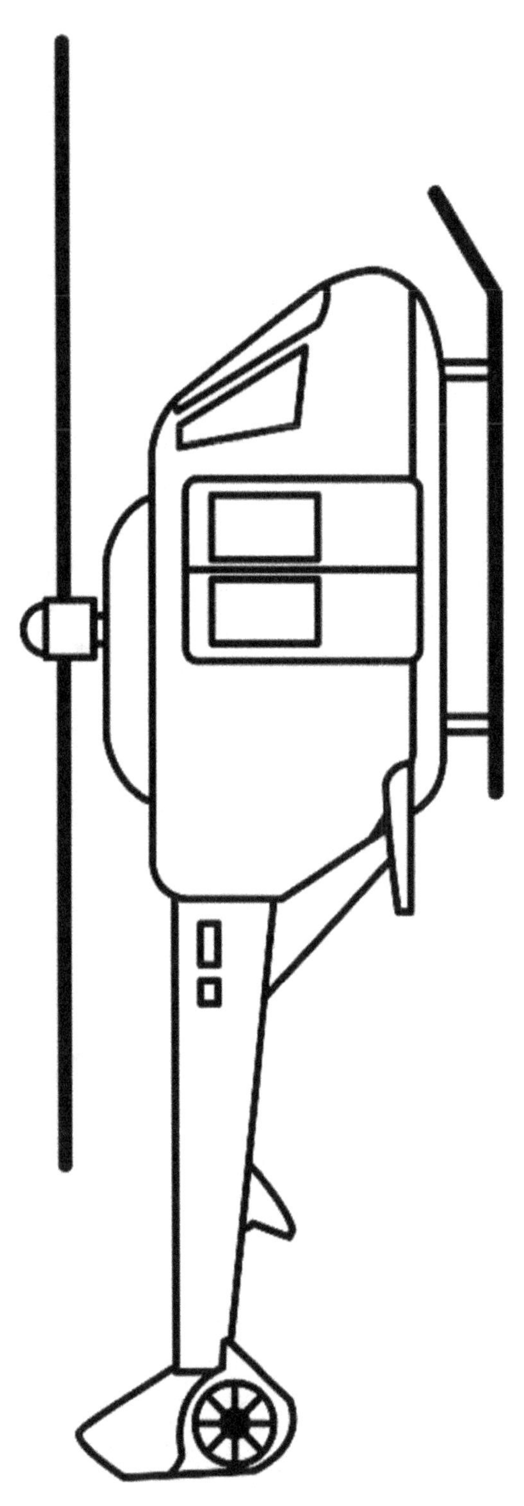

HÉLICOPTÈRE LIVRE DE COLORIAGE

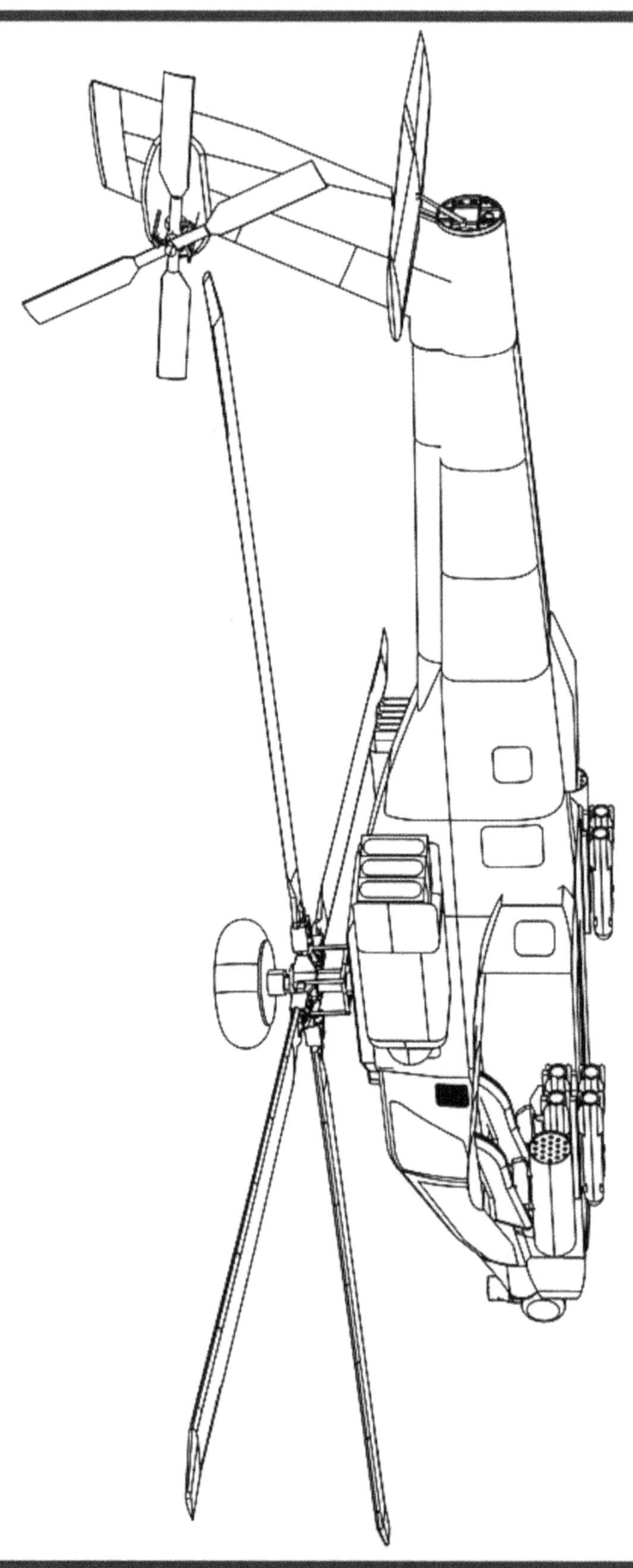

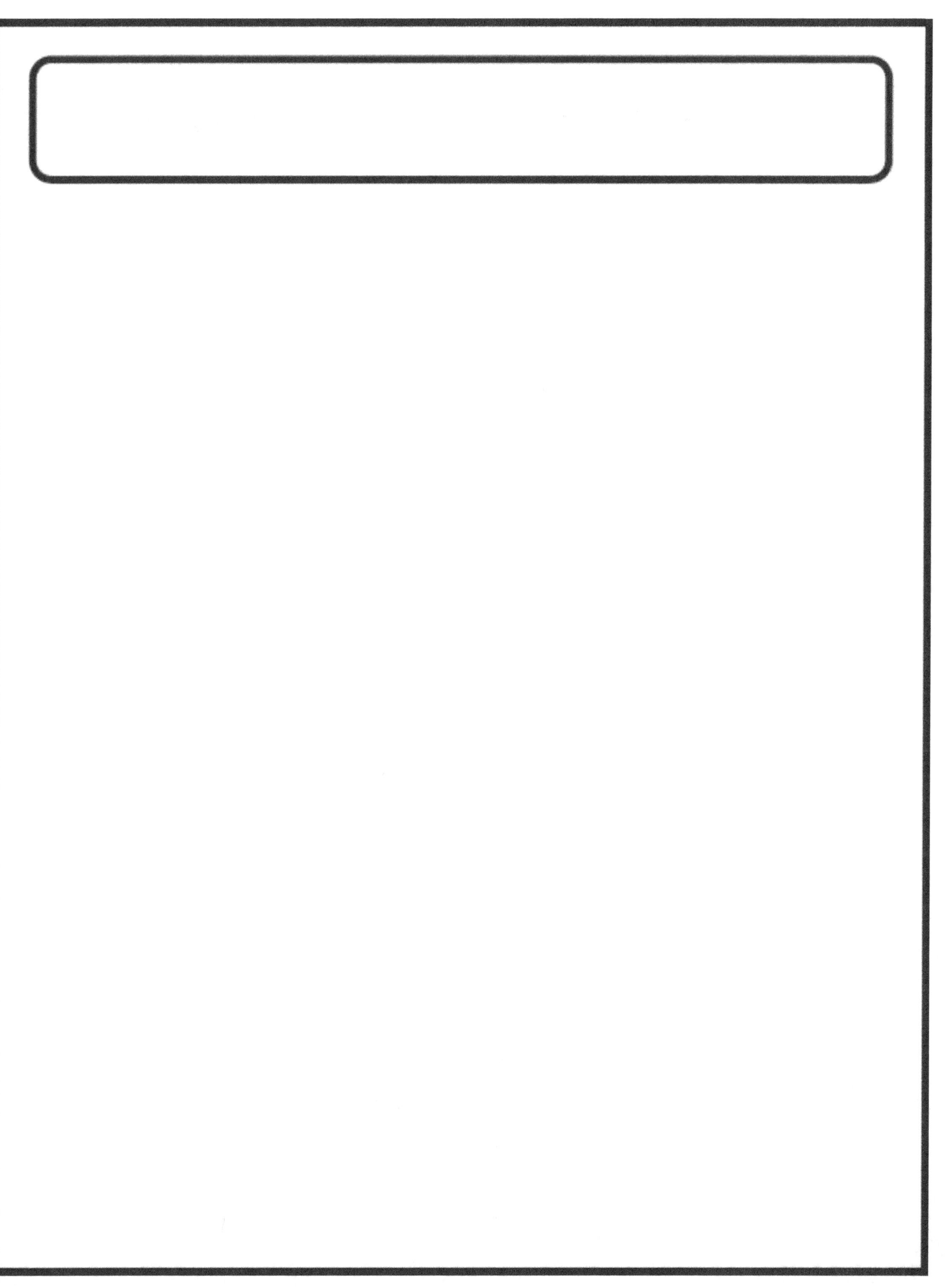

HÉLICOPTÈRE LIVRE DE COLORIAGE

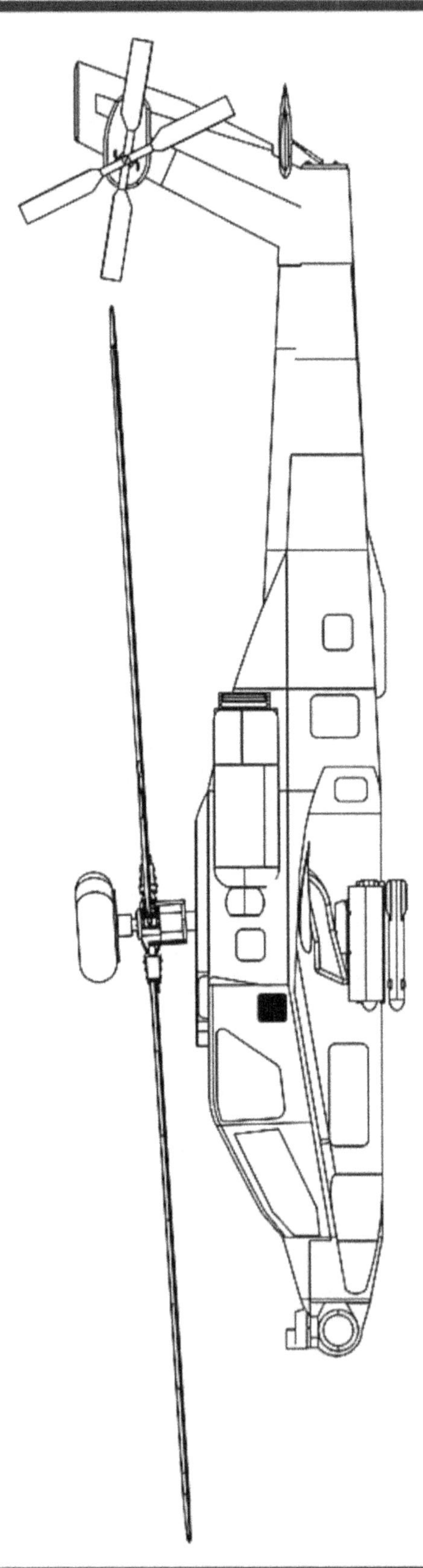

HÉLICOPTÈRE LIVRE DE COLORIAGE

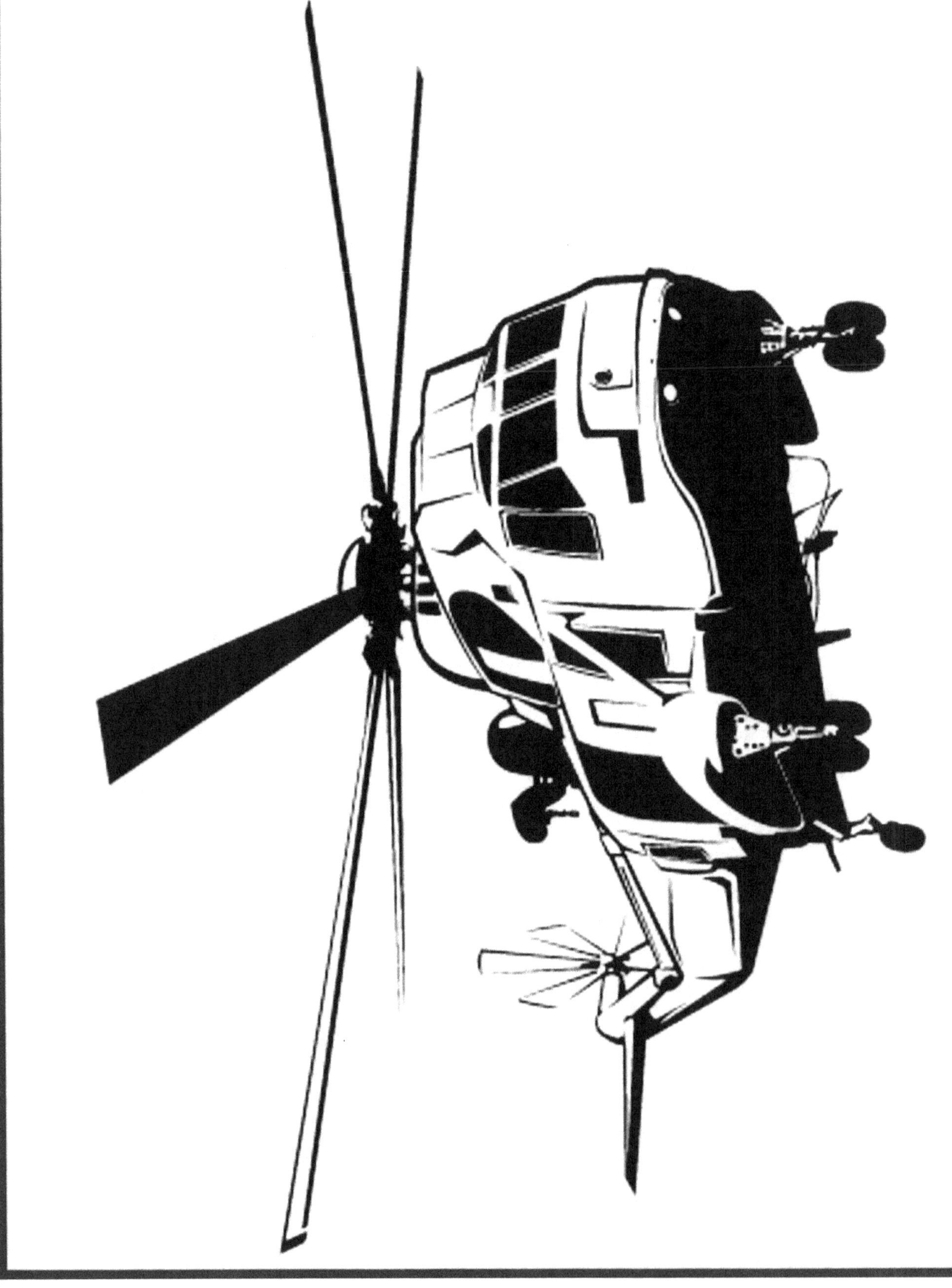

HÉLICOPTÈRE LIVRE DE COLORIAGE

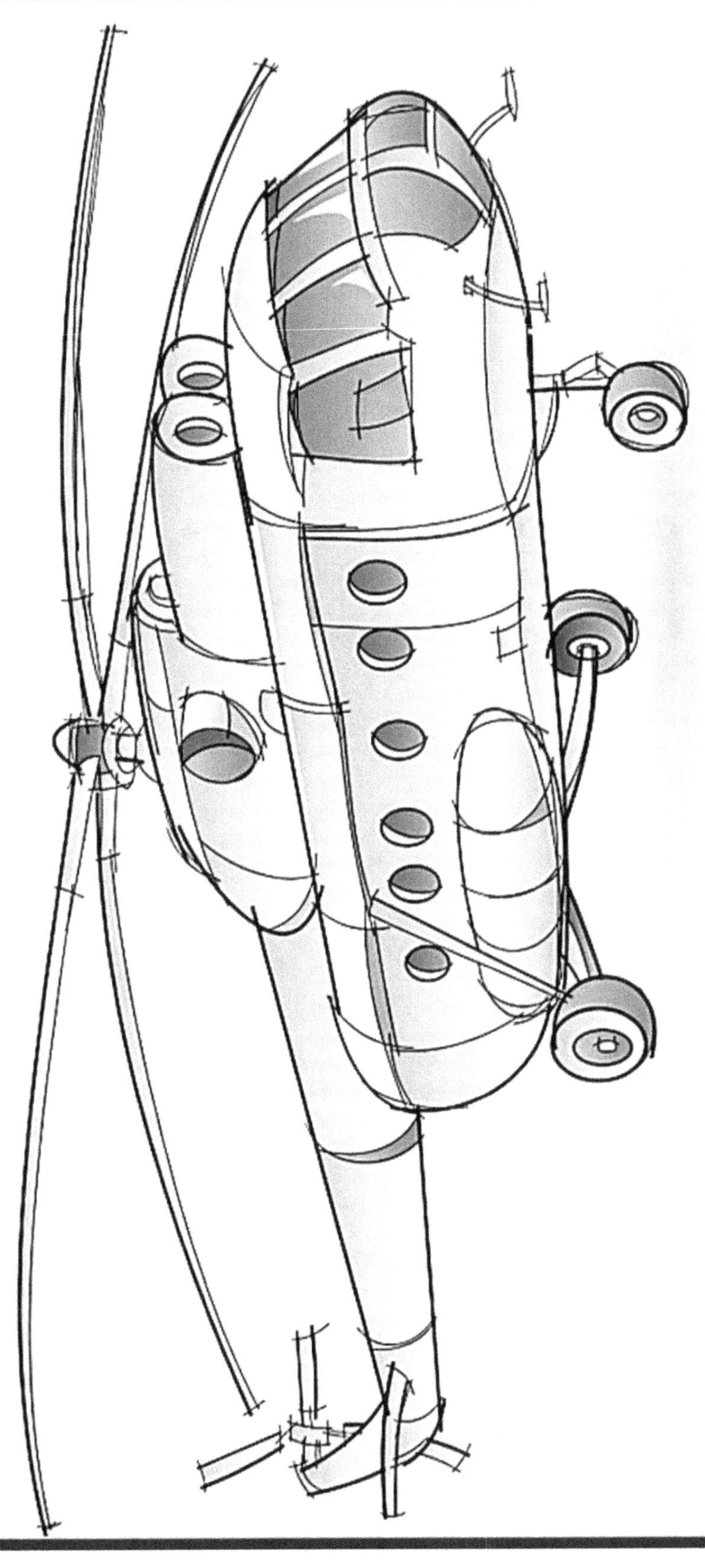

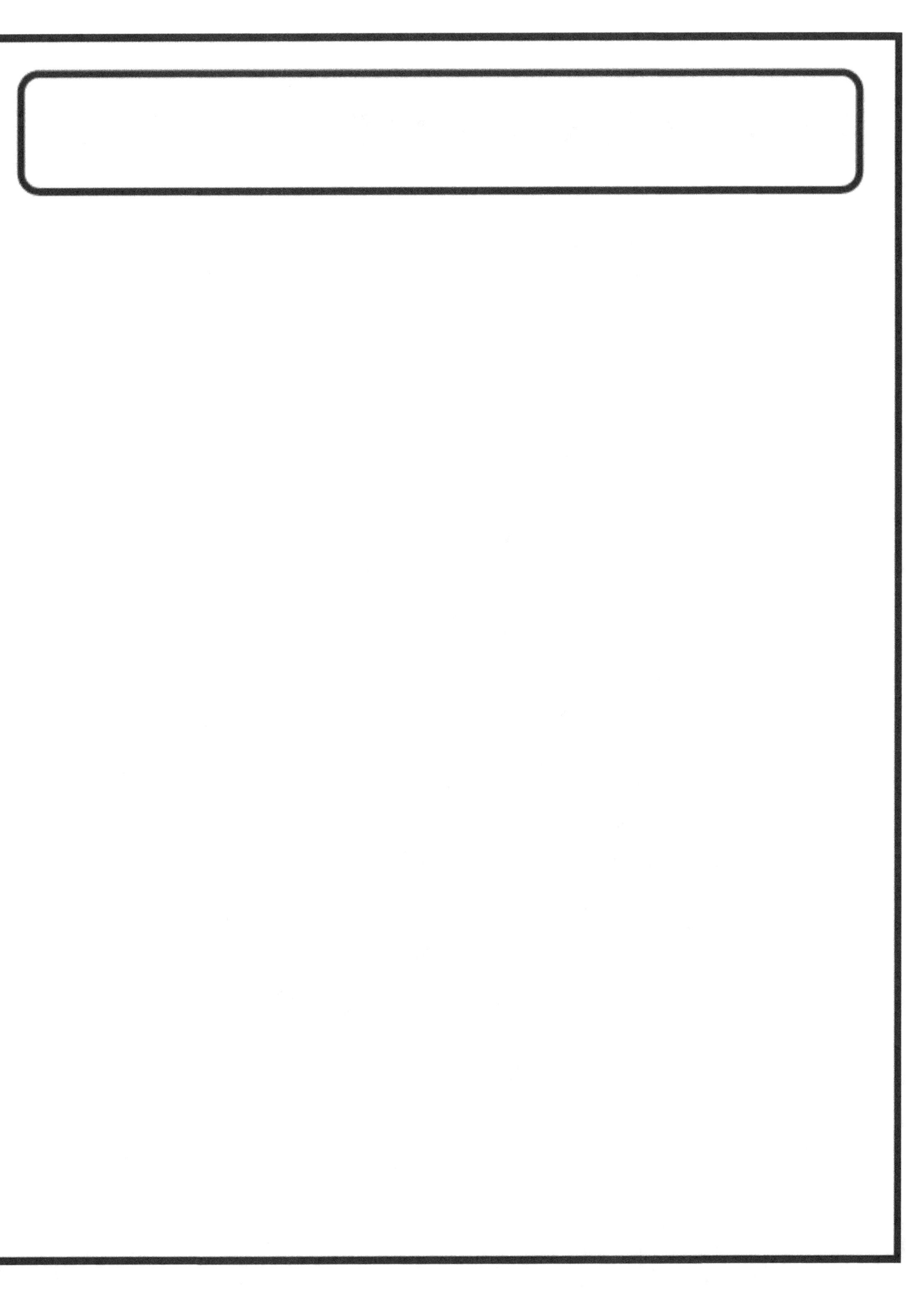

HÉLICOPTÈRE LIVRE DE COLORIAGE

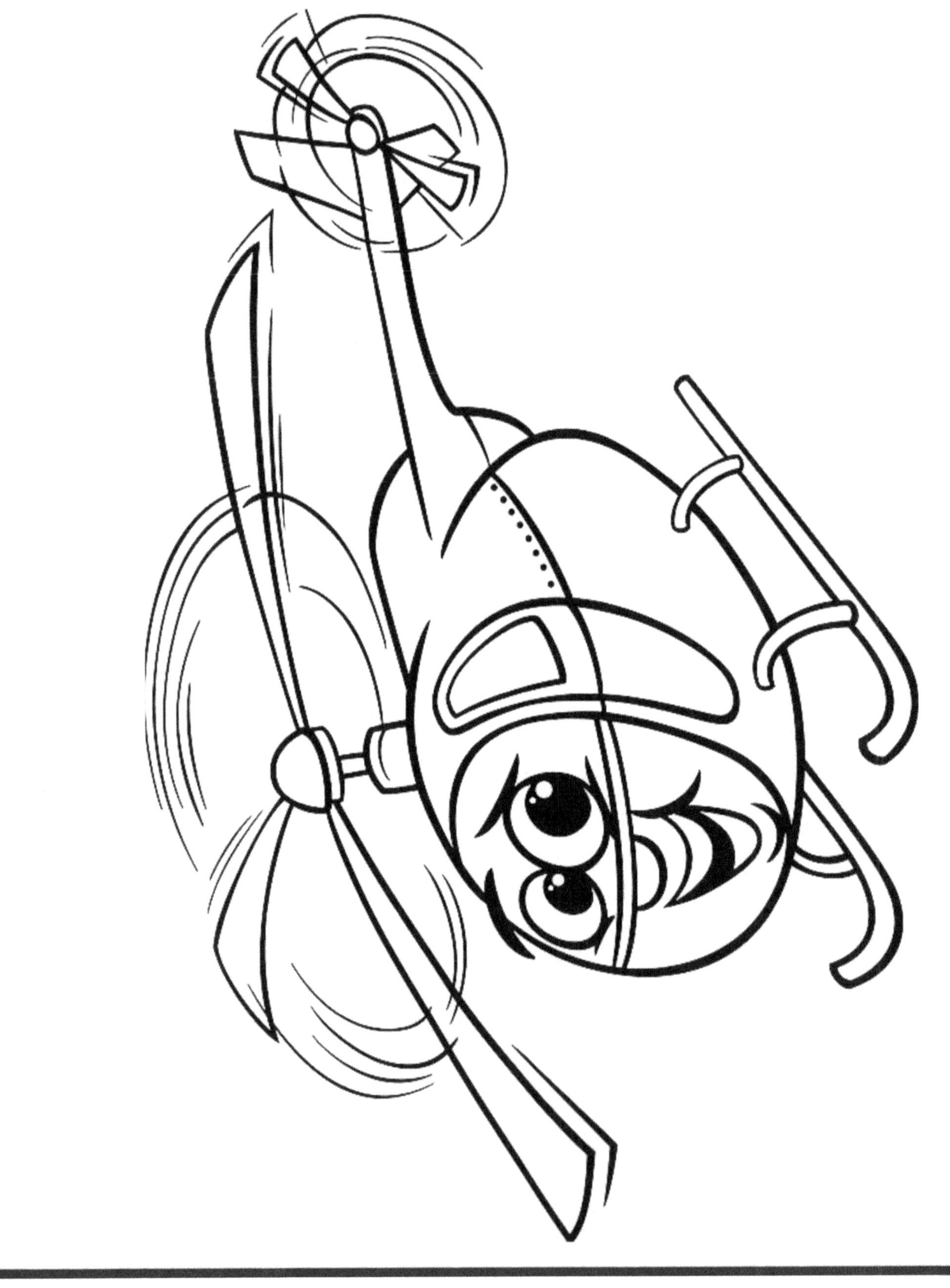

HÉLICOPTÈRE LIVRE DE COLORIAGE

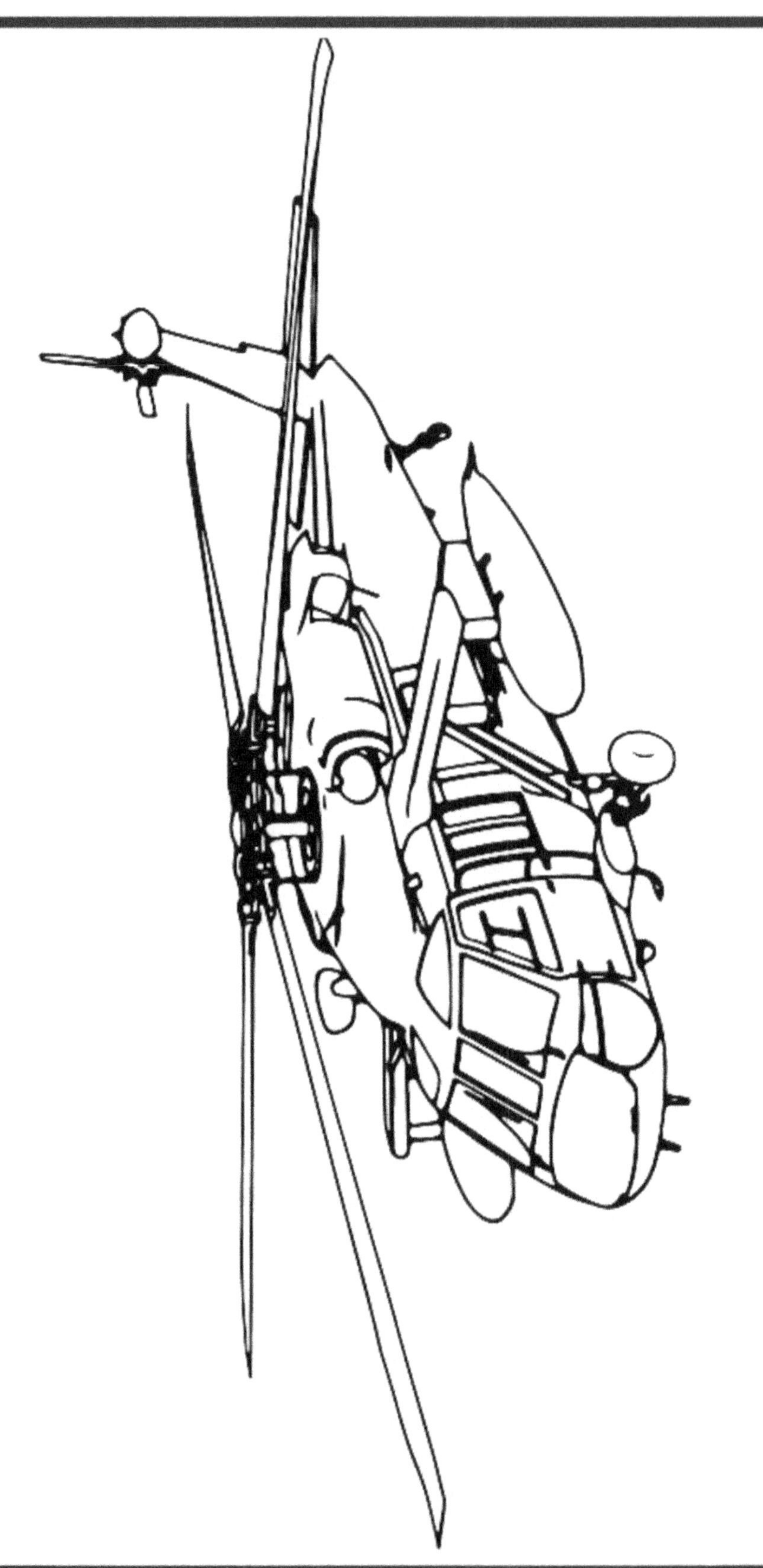

HÉLICOPTÈRE LIVRE DE COLORIAGE

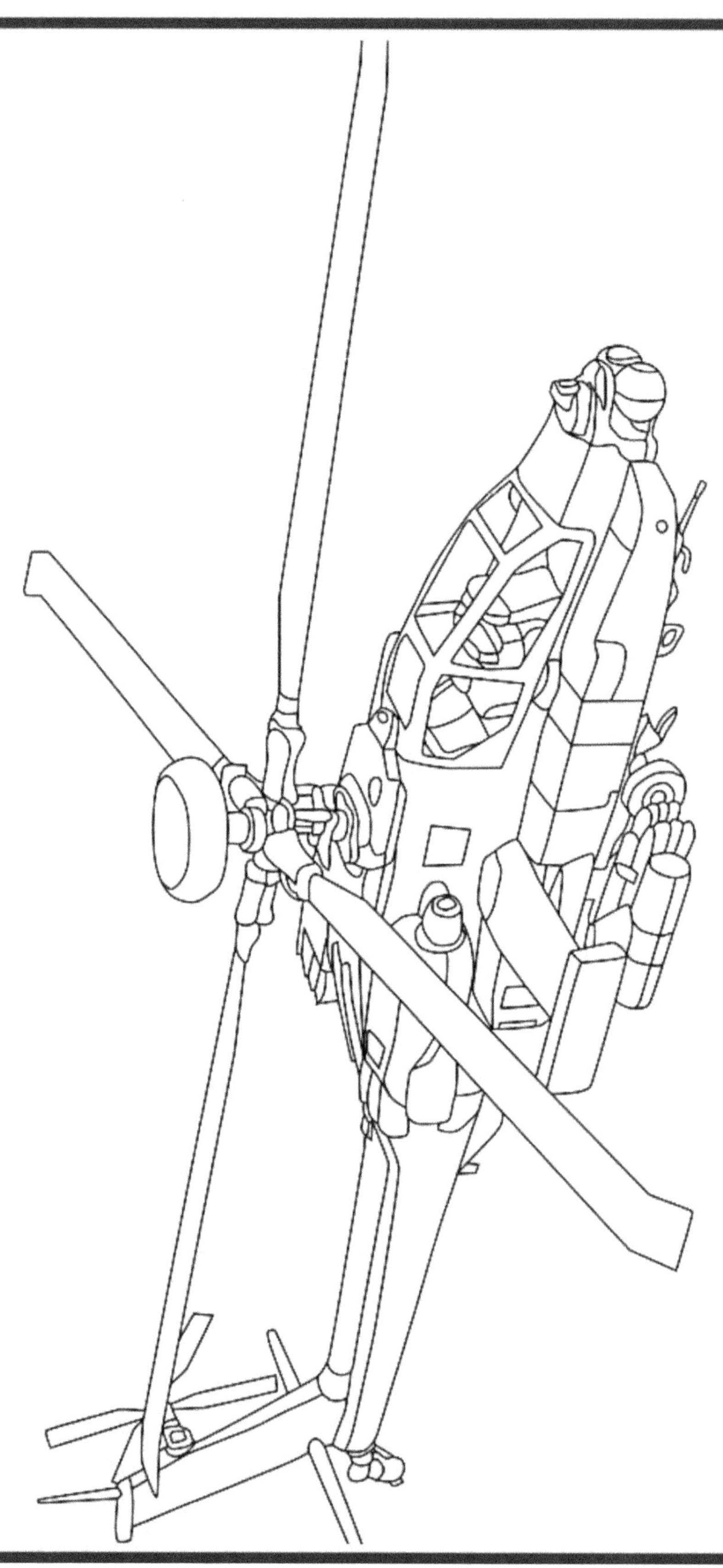

HÉLICOPTÈRE LIVRE DE COLORIAGE

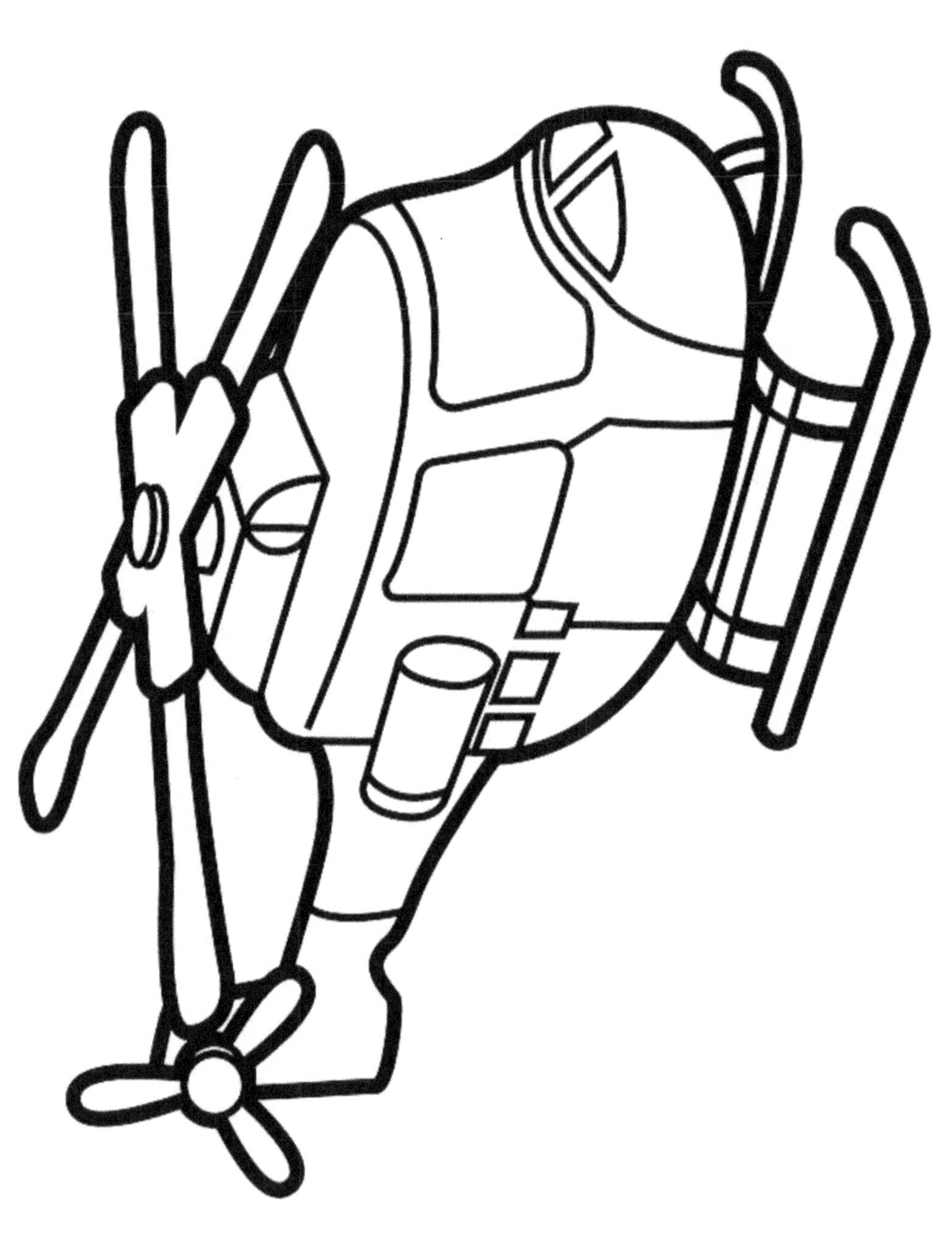

HÉLICOPTÈRE LIVRE DE COLORIAGE

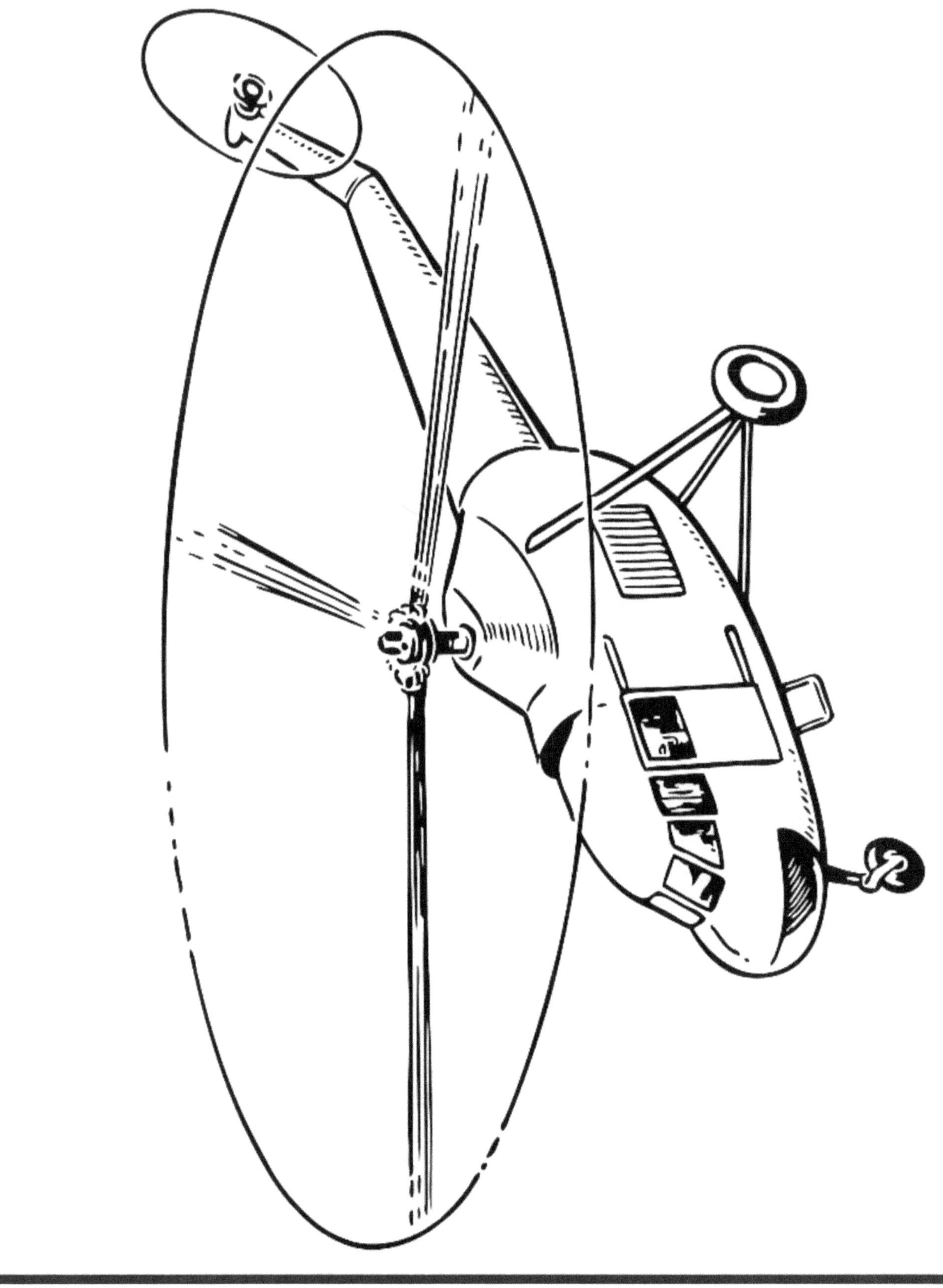

HÉLICOPTÈRE LIVRE DE COLORIAGE

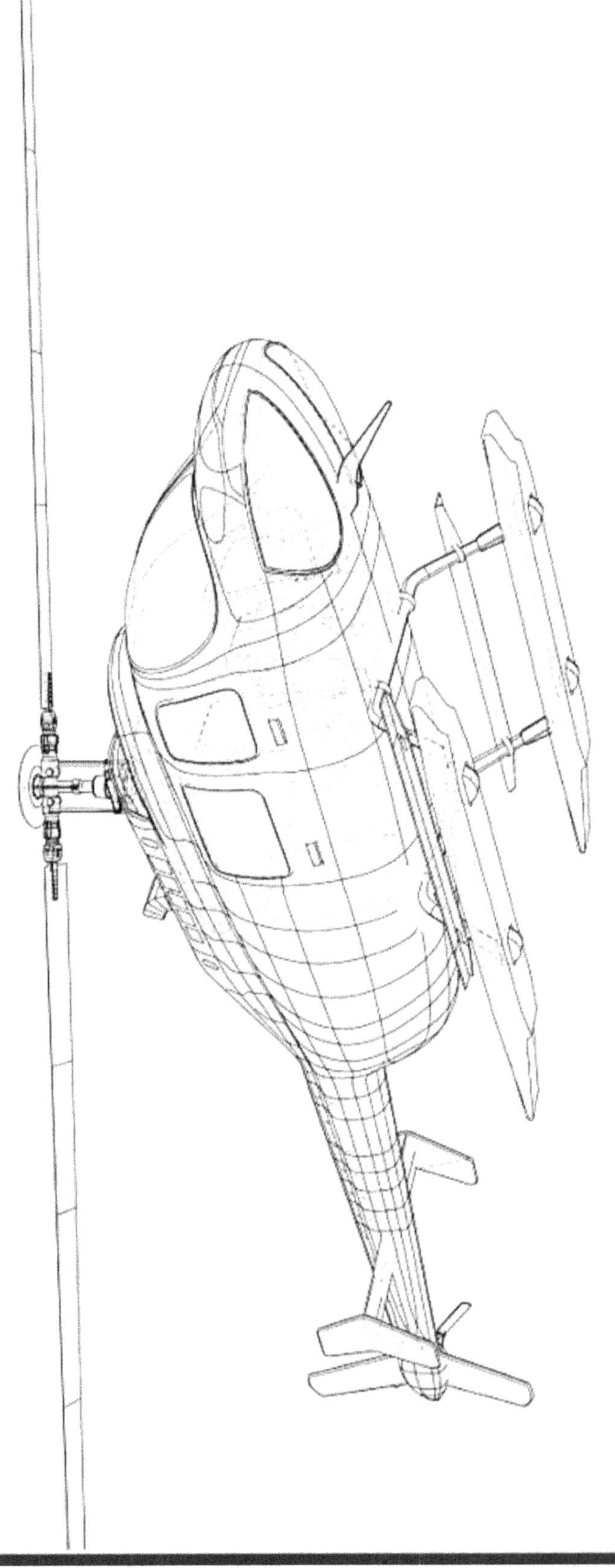

HÉLICOPTÈRE LIVRE DE COLORIAGE

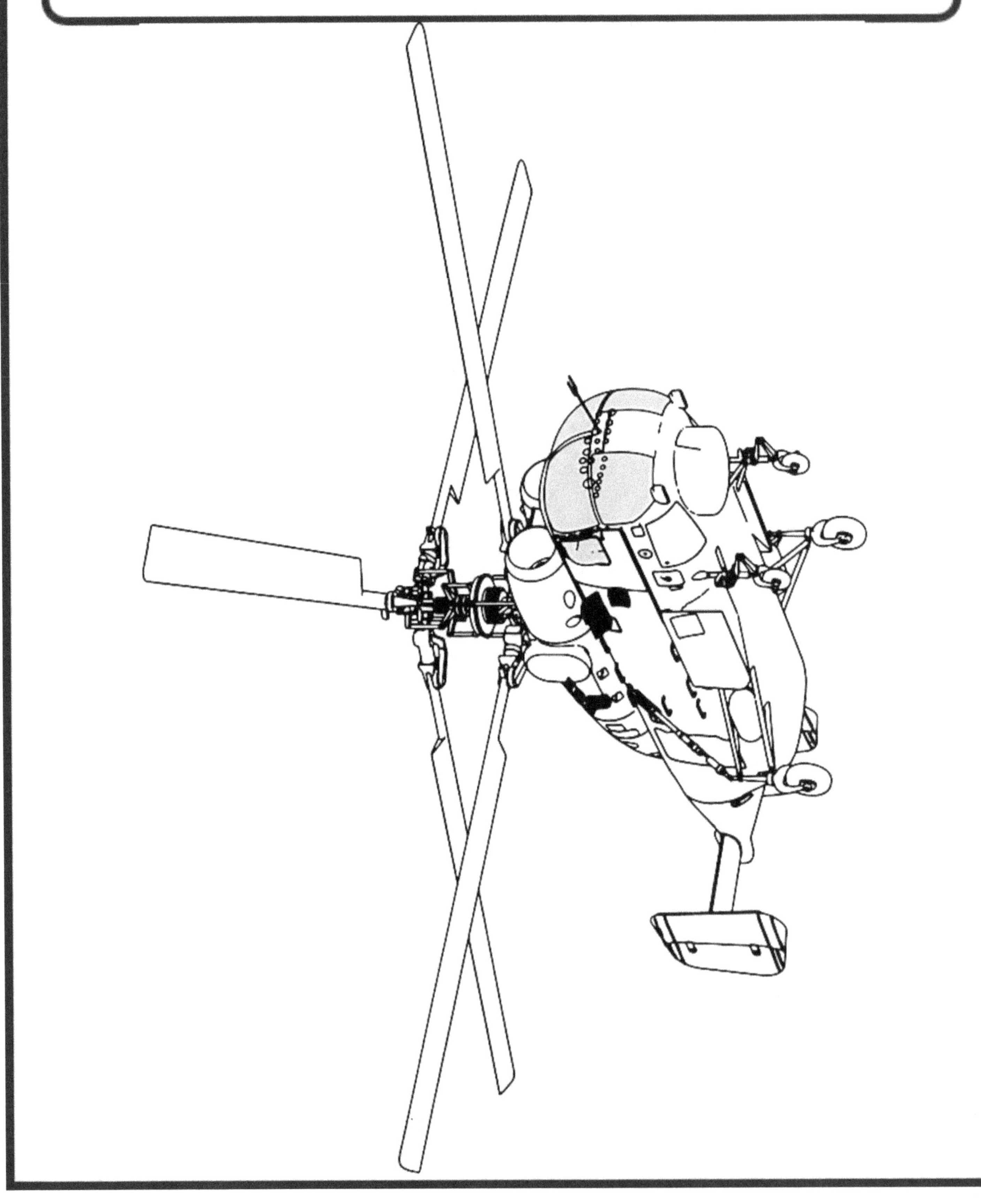

HÉLICOPTÈRE LIVRE DE COLORIAGE

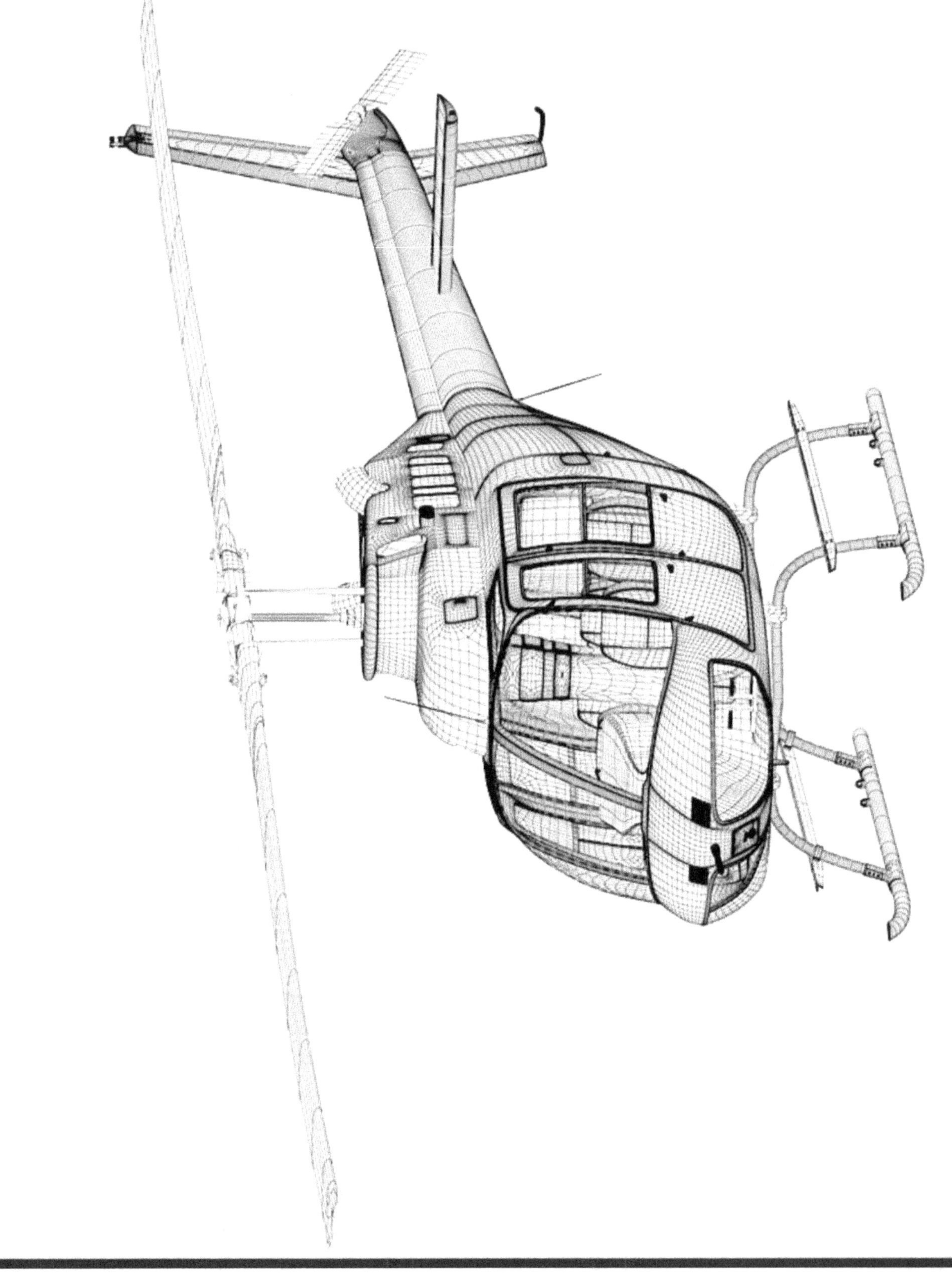

HÉLICOPTÈRE LIVRE DE COLORIAGE

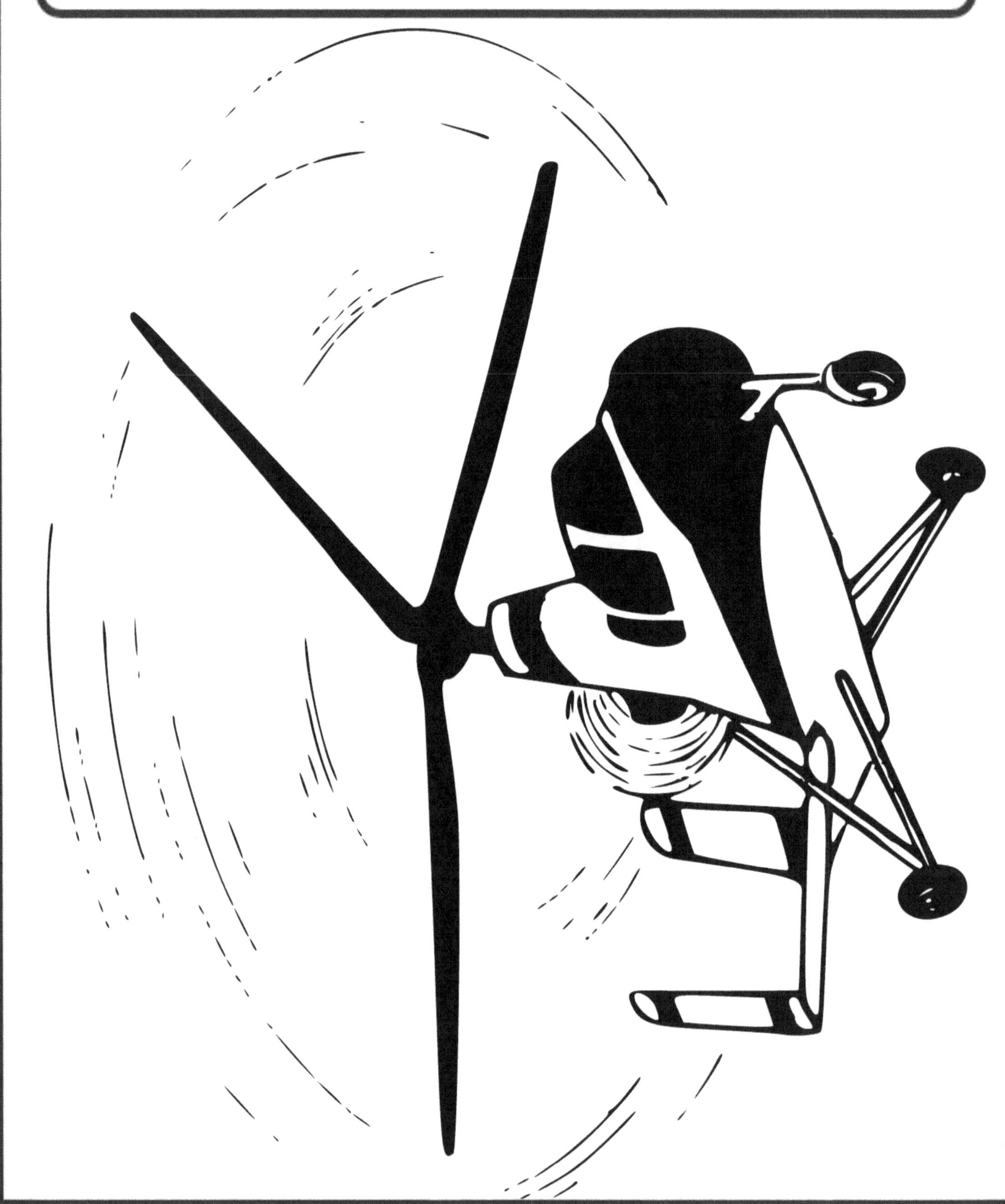